Elmar Drieschner

Bildungsstandards praktisch

Elmar Drieschner

Bildungsstandards praktisch

Perspektiven
kompetenzorientierten
Lehrens und Lernens

VS VERLAG FÜR SOZIALWISSENSCHAFTEN

Bibliografische Information der Deutschen Nationalbibliothek
Die Deutsche Nationalbibliothek verzeichnet diese Publikation in der
Deutschen Nationalbibliografie; detaillierte bibliografische Daten sind im Internet über
http://dnb.d-nb.de abrufbar.

1. Auflage 2009

Alle Rechte vorbehalten
© VS Verlag für Sozialwissenschaften | GWV Fachverlage GmbH, Wiesbaden 2009

Lektorat: Monika Mülhausen

VS Verlag für Sozialwissenschaften ist Teil der Fachverlagsgruppe
Springer Science+Business Media.
www.vs-verlag.de

Umschlaggestaltung: KünkelLopka Medienentwicklung, Heidelberg
Druck und buchbinderische Verarbeitung: Krips b.v., Meppel
Gedruckt auf säurefreiem und chlorfrei gebleichtem Papier
Printed in the Netherlands

ISBN 978-3-531-16455-7

Inhalt

1 Einleitung: Bildungsstandards und Kompetenzorientierung als Programm der Qualitätsentwicklung von Unterricht

Das zentrale Ziel der unterrichtspraktischen Umsetzung von Bildungsstandards ist die Förderung der *Kompetenz* der Schülerinnen und Schüler. Dies ist keine neue pädagogische Leitvorstellung, vielmehr wollen engagierte Lehrkräfte seit jeher den Kompetenzerwerb – genauer die aufeinander bezogene Entwicklung von Kenntnissen, Fähigkeiten, Fertigkeiten und Einstellungen – bei ihren Schülerinnen und Schülern anregen und sich nicht nur auf die Vermittlung von so genanntem ‚trägen' und ‚isolierten' Faktenwissen beschränken. Dieser pädagogische Grundgedanke, prozedurales und in vielfältigen Kontexten anwendbares Handlungswissen zu vermitteln, findet unter dem Leitbegriff der Kompetenz in der aktuellen Bildungsdiskussion erneut besondere Beachtung. Von Kompetenzerwerb als zentralem Bildungsziel ist hier bezogen auf zahlreiche fachliche wie fachübergreifende Lernfelder die Rede. Ein Beleg dafür ist die Vielfalt begrifflicher Verknüpfungen wie z.B. Lese- und Schreibkompetenz, Gesprächskompetenz, Informationskompetenz, mathematische Kompetenz, naturwissenschaftliche Kompetenz, religiöse Deutungs- und Gestaltungskompetenz, emotionale Kompetenz, soziale Kompetenz, Selbstkompetenz oder Schlüsselkompetenz. Eine aktuelle Stichwortsuche in der erziehungswissenschaftlichen Literaturdatenbank ‚FIS Bildung' erbrachte 8.889 Einträge des Begriffes ‚Kompetenz'. In der internationalen psychologischen Datenbank ‚PsycInfo' lag die Trefferzahl für die entsprechenden englischen Begriffe ‚competence' bzw. ‚competency' mit

27.255 Einträgen ab dem Jahr 1985 noch um ein Vielfaches höher (Klieme/Hartig 2008, S. 12).

Der Begriff ,Kompetenz' ist grundsätzlich positiv konnotiert und wird nicht nur in der Wissenschaft, sondern auch in der Alltagssprache verwendet. Nach außen hin kann man ihm als Bildungsziel zunächst einmal nur zustimmen, denn eine einfache Umkehrprobe zeigt, dass sein Antonym ,Inkompetenz' eindeutig negativ besetzt ist. Kompetenz ist aber vermutlich deshalb zu einem Zentralbegriff im aktuellen Diskurs avanciert, weil er auf die sichere Bewältigung von Grundanforderungen menschlichen Handelns zielt. Wie Eckhard Klieme und Johannes Hartig erläutern, bezeichnet der Begriff auf einer ersten allgemeinen Bedeutungsebene die Fähigkeit, bestimmte situative Handlungsanforderungen zu bewältigen und schließt auch die motivationale bzw. volitionale Bereitschaft ein, diese Fähigkeiten kontext- und situationsbezogen sinnvoll einzusetzen (Klieme/Hartig 2008, S. 13). Die Vielfalt gesellschaftlich oder persönlich relevanter Handlungsanforderungen führt dazu, dass mit dem Begriff Kompetenz in der erziehungswissenschaftlichen Literatur je nach Verwendungskontext Unterschiedliches bezeichnet wird. Im Kontext schulischer Bildung stehen fachspezifische Kompetenzen im Vordergrund.

Neu in der deutschen Bildungsdiskussion ist vor allem die Verknüpfung von *Kompetenzorientierung* und *Standardisierung* in der Qualitätsentwicklung von Schule und Unterricht, die als Reaktion auf unbefriedigende TIMSS- und PISA-Ergebnisse und bildungspolitische Impulse der OECD die derzeitigen Reformvorhaben im Bildungssystem maßgeblich beeinflusst. In diesem Zusammenhang fällt die Einführung nationaler *Bildungsstandards*, die seit dem Schuljahr 2005/2006 verbindlich festlegen, welche fachbezogenen Kompetenzen Schülerinnen und Schüler bis zum Ende bestimmter Jahrgangsstufen erworben haben sollen. Schulische Bildungsziele werden auf diese Weise nicht inhaltsbezogen als Lehrziele, sondern formal als erwünschte Lernergebnisse formuliert, die systematisch in Kompetenzmodellen verortet sind. Dieser Fokus auf den zielgerichteten Erwerb von Kenntnissen, Fähigkeiten, Fertigkeiten und Einstellungen basiert auf einem Verständnis von Unterricht als „Arrangement, das dazu dienen soll, möglichst viele Teilnehmerinnen und Teilnehmer bei ihrem Lernen zu unterstützen. Das klassische Vertrauen darauf, dass das, was gelehrt wird, auch gelernt wird, hat sich als nicht haltbar erwiesen" (Merkens 2006, S. 17).

In der Geschichte pädagogischen Denkens bildete dieser so genannte ‚Lehr-Lern-Kurzschluss' – d.h. die intentionalistische Vorstellung der kontrollierbaren Einflussnahme auf das Lernen Heranwachsender – den Gegenstand zahlreicher und immer wiederkehrender didaktisch-methodischer Kontroversen. Dabei prägte vor allem der bekannte Gegensatz zwischen instruktivistischen, frontal organisierten und lehrgangssystematischen Konzepten zum einen und konstruktivistischen, schülerorientierten und offen strukturierten Unterrichtsformen zum anderen die pädagogische Diskussion (vgl. Seibert 2000, S. 18). Der *kompetenzorientierte Unterricht nach Bildungsstandards* lässt sich in dieser häufig empiriefernen und mitunter ideologisch gefärbten Frontstellung nicht klar dem einen oder dem anderen Pol zuordnen. Die Über- oder Unterlegenheit bestimmter Unterrichtskonzepte wird hier nicht als Frage der ‚richtigen' pädagogischen Gesinnung diskutiert. Vielmehr ist eine Nähe zur empirischen Lehr-Lernforschung gegeben, die nach aktuellem Forschungsstand keine statistisch nachweisbaren Vor- oder Nachteile der Unterrichtskonzepte ‚Direkte Instruktion' und ‚Offener Unterricht' aufzeigen kann. Entscheidend für die Lernerfolge der Schülerinnen und Schüler scheint dagegen die jeweilige methodische Ausgestaltung und sinnvolle Integration dieser Konzepte zu sein. Dabei haben Unterrichtsmerkmale wie ‚klare Strukturierung', ‚hoher Anteil echter Lernzeit', ‚inhaltliche Klarheit', ‚Leistungstransparenz' oder ‚Reibungslosigkeit des Unterrichtsmanagements' einen empirisch nachgewiesenen positiven Einfluss auf die Lernergebnisse (vgl. Meyer 2004, S. 8). Die Qualität des Unterrichts bemisst sich aus dieser Perspektive an den Lernergebnissen der Schülerinnen und Schüler. Kompetenzorientierter Unterricht nach Bildungsstandards fokussiert die neuen curricularen Zielvorgaben für das Lernen der Kinder und Jugendlichen: Diejenigen Strukturierungen, Methoden oder Bildungsinhalte werden ausgewählt, die dem angestrebten Kompetenzziel in geeigneter Weise zu dienen scheinen (vgl. Ziener 2006). Damit folgt dieser Ansatz einer pragmatischen Unterrichts- und Lehrvorstellung, welche die Chance birgt, zu einer sinnvollen Integration instruktivistischer und konstruktivistischer Unterrichtsmethoden beizutragen.

Kompetenzorientierung und Bildungsstandards stehen jedoch nicht nur für einen neuen und geschärften Blick auf die Lernergebnisse der Schülerinnen und Schüler. Der Anspruch dieses Programms der *Qualitätsentwicklung* von Unterricht greift weiter. Die übergeordnete Zielperspektive besteht darin, so das Anliegen von Bildungspolitik und Bildungsforschung, die erwünschten Lernergebnisse der Schülerinnen und Schüler sicherzustellen. Damit wird ein veränderter Blick auf die *Ergebnisverantwortung* und *Rechenschaftspflicht* schulischer Bildungsprozesse gerichtet. Wurden in der Geschichte des deutschen Bildungssystems unbefriedigende Schulleistungen häufig monokausal auf mangelnde Begabung oder problematische außerschulische Sozialisationsbedingungen zurückgeführt, so konnte in der international und national vergleichenden Schulleistungsforschung festgestellt werden, dass Schulen mit ähnlichen Rahmenbedingungen und sozial vergleichbarer Schülerschaft ihre Schülerinnen und Schüler zu unterschiedlichen Lernzuwächsen und Bildungserfolgen führen. Peter Zedler geht davon aus, dass knapp die Hälfte des Anteils der Schulleistungen auf den Unterricht und die Schule zurückgeführt werden kann; d.h., „dass dem Lehrer und dem Unterricht eine bedeutende Rolle für die Leistungsentwicklung zukommt, nicht also nur Faktoren wie Intelligenz oder auch sozioökonomische Hintergrundvariablen der Schüler ausschlaggebend sind" (Zedler 2007, S. 67). Dieser Befund führte zu einer breiteren öffentlichen und pädagogischen Akzeptanz eines erweiterten Verständnisses des Bedingungsgefüges schulischer Leistung. Neben der Intelligenz, dem eng mit dem Bildungsniveau der Eltern zusammenhängenden Vorwissen sowie den kognitiven, motivationalen, volitionalen, emotionalen und sozialen Lernvoraussetzungen der Schülerinnen und Schüler richtet sich der Blick nunmehr verstärkt auf die Bedeutung der „Qualitätsmerkmale des schulischen Angebots" für den Bildungserfolg. Problematische Schulleistungen werden „jetzt zum Indiz, dass auch die Schule und nicht nur der einzelne Schüler versagt hat" (Fend 2008, S. 23). *Staatliches Bildungsmonitoring* in Form von regelmäßig durchgeführten Vergleichsarbeiten soll überprüfen, ob die Kinder und Jugendlichen die als Bildungsstandards ausgewiesenen Kompetenzen erreicht haben. Im Grundschulbereich werden daher seit 2004 in nunmehr 12 Bundesländern die von der Universität Landau konzipierten und ausgewerteten Vergleichsarbeiten (VERA) durchgeführt. VERA ist als ein erster Schritt eines zunehmend enger werdenden Systems externer wie auch schulinterner Leistungsevaluationen zu verstehen. Ab 2009 soll die Erreichung der erwarteten Kompetenzen durch die Kinder und Jugendlichen bundesweit in regelmäßigen Abständen durch curricular valide Lernstandserhebungen evaluiert werden, zunächst nur in der Sekundarstufe I, ab 2011 auch in der Grundschule (vgl. Granzer u.a. 2008, S. 12). Da Schulen und Lehrkräften eine erhöhte Verantwortung für die erbrachten Lernergebnisse zugeschrieben wird, sind diese aufgefordert, aus den externen Leistungsrückmeldungen fachliche, fachdidaktische und pädagogische Konsequenzen zur Verbesserung des schulischen Lernangebotes abzuleiten. Ohne die damit verbundene Hoffnung bzw. Verheißung, die erwarteten Kompetenzen sicherzustellen und einen Ausweg aus den bei PISA sichtbar gewordenen Mängeln der Leistungen deutscher Schülerinnen und Schüler zu finden, wären ‚Bildungsstandards' und ‚Kompetenzorientierung' vermutlich nicht zu Leitbegriffen der aktuellen Bildungsdiskussion avanciert.

Mit der *praktischen Umsetzung* von Bildungsstandards soll eine strikte Kompetenzorientierung in Bezug auf schulische Lehr- und Lernprozesse umgesetzt werden. Kompetenzen zu unterrichten ist insofern eine bildungspolitisch vorgegebene Herausforderung, vor der gegenwärtig alle Lehrerinnen und Lehrer stehen. Dazu müssen sie fortwährend zwischen Bildungsstandards, praktischen Erfahrungen, fachdidaktischem und methodischem Wissen navigieren. Dass die Unterstützung der Lehrerinnen und Lehrer in diesem Prozess durch systematische Fortbildungen oder geeignete Handbücher für den Umgang mit Bildungsstandards noch nicht hinreichend gewährleistet ist, dürfte bislang das Hauptproblem der Implementation darstellen (vgl. Lange 2006, S. 15f.). Wie Kolleginnen und Kollegen mit Recht beklagen, reicht die Messung von Lernergebnissen als alleinige Maßnahme zur Qualitätsentwicklung und -sicherung nicht aus, denn Testergebnisse geben noch keine Auskunft über die Güte und Schwäche des zuvor erteilten Unterrichts. Die Daten spiegeln vielmehr den Stand der Bildung im gesamten Schulsystem wider und sind für bildungspolitische Entscheidungen relevant. Bleibt der Reformprozess jedoch auf der Ebene des Bildungsmonitoring stehen und gelingt es nicht, die Orientierung an Bildungsstandards in die schulische Unterrichtsentwicklung zu integrieren, so wird die Standardisierung und Evaluation von Schülerleistungen im Effekt nur zu einem Ausufern der Bildungsberichterstattung führen. Daher wird in der Literatur zur Schulevaluation die Notwendigkeit hervorgehoben, den ergebnisorientierten Blick zu ergänzen durch die Evaluation von Planungs- wie auch Prozessmerkmalen guten Unterrichts nach Bildungsstandards (vgl. Riecke-Baulecke 2008). Wie ein solcher guter Unterricht nach Bildungsstandards aussehen kann, ist bis dato allerdings erst in Ansätzen beschrieben.

Dieses Desiderat wird durch die funktionelle Koppelung der Standardisierung von Bildungszielen und der Autonomisierung von Schulen verdeckt. Problematisch – wenn auch von offizieller Seite z.T. als nicht intendiert zurückgewiesen – ist die Tatsache, dass mit der Qualitätssicherung durch Vergleichsarbeiten der Weg geöffnet ist zu mehr Wettbewerb zwischen Schulen um möglichst gute Evaluationsergebnisse. Wettbewerb wird dadurch ermöglicht, dass die eingeführten Bildungsstandards nur den so genannten *Lernoutput* festlegen, die Verantwortung für die Zielerreichung sollen die zunehmend selbstständig arbeitenden Schulen und Lehrkräfte tragen. Die Vorgabe konkreter Standards ist daher nicht als Einschränkung der pädagogischen Freiheit der Lehrkräfte bei der Auswahl ihrer Ansätze, Methoden und Arbeitsschwerpunkte zu verstehen. Vielmehr ist im Kontext von Standardisierung, Autonomisierung und Qualitätssicherung von einer ‚neuen pädagogischen Handlungsfreiheit‘ die Rede, die allerdings über ein entscheidendes Problem hinwegtäuscht, das Helmut Heid wie folgt auf den Punkt bringt: „Es besteht ein Mangel an empirisch überprüften und handlungsrelevanten Theorien, die es den Lehrpersonen ermöglichen, die ihnen zugewiesene Verantwortung (für die Erreichung der verbindlichen Leistungsziele, E.D.) auch zu tragen"

(Heid 2007, S. 38). Weitestgehend ungeklärt ist die Korrelation zwischen bestimmten Merkmalen von Schule und Unterricht einerseits und der Erreichung der Bildungsstandards durch die Schülerinnen und Schüler andererseits. Gleiches gilt für die Frage, wie ein sinnvoll gestufter Kompetenzerwerb didaktisch ermöglicht werden kann. Bezogen auf die Chancen und Grenzen der Ergebnisverantwortung betont Heid in diesem Zusammenhang: „So wünschenswert es auch ist, dass Lehrpersonen den Lernmisserfolg auf ihr eigenes Handeln zurückführen, so wenig ist auch damit gewonnen, wenn ihnen ein erfahrungswissenschaftlich überprüftes Wissen darum fehlt, wovon die Wahrscheinlichkeit definierten Erfolgs abhängt oder beeinflussbar ist. Deshalb ist auch die Unterstellung leichtfertig, Lehrpersonen wüssten schon, was sie zu tun hätten, wenn sie erführen, dass ihre Schüler die Standards nicht oder nur unzureichend erfüllten" (ebd., S. 42).

Ausgehend von dieser Problemlage wird in der vorliegenden Arbeit der Diskurs über die Entwicklung und Umsetzung von Bildungsstandards aus schulpraktischer Perspektive aufgegriffen. Schulpraktisch von Interesse ist vor allem die Frage, *wie Lehrerinnen und Lehrer unter den gegebenen Bedingungen kompetenzorientiert unterrichten können.* Dieser Frage soll im Folgenden in verschiedenen Erarbeitungsschritten nachgegangen werden. Da die Einführung von Bildungsstandards den Bereich der Unterrichtsentwicklung stärker als jemals zuvor mit der bildungspolitischen und schuladministrativen Ebene verbindet, soll in einem ersten Schritt die Doppelfunktion von Bildungsstandards als bildungspolitisches Steuerungs- wie auch unterrichtliches Gestaltungsinstrument geklärt werden. Grundlegend thematisiert werden in diesem Zusammenhang die *Funktion* von Bildungsstandards in der Outputsteuerung des Bildungssystems sowie die daraus resultierenden neuen *Erwartungen* und *Aufgaben*, die an die alltägliche Unterrichtsarbeit von Lehrkräften gerichtet werden *(Kapitel 2).*

Weiterführend wird der Blick von der *Funktion* zur *Konzeption* von Bildungsstandards gewendet. Die Kenntnis zentraler kompetenztheoretischer Hintergründe, Bildungsprinzipien, Konstruktionsformen ebenso wie konzeptioneller Probleme von Bildungsstandards bildet eine nicht zu vernachlässigende Voraussetzung für ihre reflektierte und erfolgreiche unterrichtspraktische Umsetzung. Konstruktionsprinzipien wie auch fachdidaktische und bildungswissenschaftliche Anforderungen an die Weiterentwicklung der Bildungsstandards werden beispielhaft an den Standards im Fach Deutsch für den Primarbereich erläutert *(Kapitel 3).*

Darauf aufbauend wendet sich der nächste Abschnitt der schulpraktischen Diskussion im engeren Sinn zu und thematisiert Grundformen und didaktische Modelle der Planung und Durchführung kompetenzorientierten Unterrichts, die entlang der den Unterricht strukturierenden Ziel-, Inhalts- und Methodenperspektive dargestellt werden. Diese Modelle und Ansätze kompetenzorientierten Unterrichtens bilden zusammen keine eigenständige und vollständig wissenschaftlich fundierte Didaktik, die empirisch abgesicherte Konzepte für das Lehren und Lernen entwickelt. Vielmehr handelt es sich um praktisch erprobte und z.T. empirisch evaluierte Planungs-, Gestaltungs- und Reflexionsmodelle, die je nach klassenspezifischen Rahmenbedingungen im Unterrichtsalltag unterschiedlich genutzt und mit Leben gefüllt werden können. Sie stellen Lehrerinnen und Lehrern eine Form zur Verfügung, um Unterricht unter Kompetenzaspekten zu planen und zu gestalten *(Kapitel 4).*

Der letzte Teil der Arbeit stellt ein Praxisbeispiel vor, in dem der Weg von den Bildungsstandards zum konkreten Unterricht exemplarisch beschritten wird. Dies geschieht in der Planung, Durchführung und Reflexion einer Unterrichtseinheit zur Entwicklung von Lese- und Schreibkompetenz in einem 3. Schuljahr. Ins Auge gefasst wird damit die praktische Ausgestaltung der neuen curricularen Vorgaben auf der Ebene des alltäglichen Unterrichts. Die in *Kapitel 4* systematisch dargestellten didaktischen Modelle werden praktisch angewendet und im Hinblick auf den jeweiligen Unterrichtsschwerpunkt miteinander verknüpft. Mit der schriftlichen Unterrichtsdokumentation soll ein Vorschlag unterbreitet werden, wie Lehrer Bildungsstandards in erwartbares Können von Schülerinnen und Schülern und darauf bezogene Lehr-Lernschritte übertragen können. Deutlichgemacht wird, dass durch die Orientierung an Standards eine konsequent am Lernen der Kinder orientierte Unterrichtsvorbereitung und Reflexion verfolgt werden kann *(Kapitel 5).*

Die abschließende Reflexion wägt vor dem Hintergrund praktischer Erfahrungen Chancen und Grenzen der Umsetzung von Bildungsstandards ab und kommt zu einer Gesamteinschätzung, an die weitere praktische Entwicklungen anknüpfen können *(Kapitel 6)*.

2 Zur Funktion von Bildungsstandards in der Steuerung des Bildungssystems

Diskurse über Bildungsstandards sind komplex und auf verschiedenen Ebenen gelagert. Als Instrument der Qualitätsentwicklung im Bildungssystem werden den Standards eine Vielzahl von Aufgaben und Funktionen sowohl auf der Ebene der staatlichen Bildungssteuerung als auch auf der Ebene der schulischen Unterrichtsentwicklung beigemessen. Die folgenden Kapitel thematisieren im Gang durch verschiedene Diskurskontexte diese Anforderungen, denen das Bildungssystem neuerdings ausgesetzt wird. Angesichts der Fülle an bildungspolitischen und bildungswissenschaftlichen Arbeiten zu diesem Themenkontext kann nicht der Anspruch erhoben werden, diese vielschichtigen Diskurse vollständig in ihren systematischen Zusammenhängen darzustellen. Der hier vorgelegte heuristische Systematisierungsversuch stellt in einem ersten Schritt die Einführung von Bildungsstandards chronologisch in die Abfolge richtungweisender bildungspolitischer Entscheidungen, die als Reaktion auf das Ranking deutscher Schülerinnen und Schüler bei den internationalen Schulleistungsstudien TIMSS und PISA getroffen wurden *(Kapitel 2.1)*. Diese chronologische Perspektive wird in einem zweiten Darstellungsstrang um systematische Betrachtungen entlang der verschiedenen Ebenen des Bildungssystems ergänzt *(Kapitel 2.2 – Kapitel 2.4)*. Zunächst wird die Stellung des Instruments ‚Bildungsstandards' auf der Makroebene der Systemsteuerung in den Gesamtkontext der gegenwärtigen Bildungsreformmaßnahmen gestellt, die den Übergang von der Input- zur Outputsteuerung des Bildungssystems einleiten *(Kapitel 2.2)*. Im Anschluss daran wird der Blick auf die Funktion von Bildungsstandards im Rahmen der eigenverantwortlichen Gestaltung des Lernangebotes zunehmend selbstständig operierender Einzelschulen gerichtet *(Kapitel 2.3)*. Darauf bezogen werden abschließend neue Formen der schulexternen und mit Einschränkung auch -internen Bildungsevaluation vorgestellt, die als staatlich verordnete Kontroll- und Unterstützungsinstrumente eigenverantwortlich arbeitende Schulen auf die Erreichung der Kompetenzen verpflichten, die als Bildungsstandards ausgewiesen sind.

2.1 Bildungsstandards als bildungspolitische Reaktion auf das Ranking bei internationalen Schulleistungsstudien

Auf ihrer Konstanzer Tagung im Jahre 1997 beschloss die Kultusministerkonferenz (KMK) eine regelmäßige Beteiligung der Bundesrepublik an internationalen Schulleistungsstudien, in denen sich das deutsche Bildungssystem dem Wettbewerb mit anderen Staaten stellt. In Studien wie TIMSS, PISA und PIRLS/IGLU kooperieren zahlreiche Wissenschaftler und renommierte Forschungsinstitute, um in international vergleichender Perspektive die kognitiven Kompetenzen von Schülerinnen und Schülern in bestimmten Altersstufen zu erheben. Für bildungspolitische Entscheidungen sind diese Studienergebnisse von besonderem Interesse, weil die kognitiven Fähigkeiten der Lernenden in einen korrelativen Zusammenhang mit unterschiedlichen Bildungsmerkmalen einzelner Staaten und ihren Bildungssystemen gebracht werden. Neben dem Testinstrumentarium zur Feststellung des Kompetenzniveaus kommen in internationalen Schulvergleichsstudien daher auch Erhebungsinstrumente wie z.B. Fragebögen zum Einsatz, mit denen die Lehr-Lernbedingungen an Schulen sowie die sozioökonomischen Hintergrundbedingungen von Bildung in den Teilnehmerstaaten ermittelt werden. Aus den Unterschieden der erzielten Leistungen und den Bildungsbedingungen der Staaten können datenbasierte Rückschlüsse zur strukturellen und methodischen Gestaltung und Weiterentwicklung der Qualität von Schule und Unterricht gezogen werden. So weisen die bisherigen Ergebnisse der Schulleistungsstudien auf die förderliche Wirkung des verpflichtenden Kindergartenbesuchs auf die Kompetenzgenese von Kindern hin. Ähnlich positive Effekte ergeben sich u.a. durch frühe Einschulung, Unterrichtsvermehrung, Förderangebote und externe Lernstandsevaluationen (vgl. Rindermann 2008, S. 40ff.; Bonsen u.a. 2007).

Die Resultate der internationalen Vergleichsstudien zur Leistung von Bildungssystemen erzielen in der Bundesrepublik seit der Veröffentlichung der Ergebnisse der TIMSS-Studie (Third International Mathematical and Science-Study) eine zunehmende innerwissenschaftliche und bildungspolitische Resonanz. So stellt der oben genannte ‚*Konstanzer Beschluss*' eine bildungspolitische Reaktion auf das unbefriedigende Abschneiden deutscher Schülerinnen und Schüler bei der TIMSS-Studie dar (vgl. Granzer 2008, S. 49). TIMSS machte sichtbar, dass die Leistungen in den für mathematische Problemlöseprozesse zentralen Kompetenzbereichen ‚Modellieren', ‚Argumentieren', ‚Kommunizieren', ‚Darstellen' und ‚Problemlösen' im Vergleich zu anderen Staaten unterdurchschnittlich ausgeprägt sind. Defizite zeigten sich insbesondere bei der mathematisch-naturwissenschaftlich adäquaten Bearbeitung alltagsnaher Probleme, woraus in Bezug auf den Mathematikunterricht u.a. geschlussfolgert wurde, dass „der Erwerb von Kompetenzen wie Sachverhalte in die mathematische Sprache zu übersetzen – Modellieren – oder Wege zur Lösung von Problemen zu finden, nicht systematisch genug vermittelt wurden" (ebd.).

Während die TIMSS-Ergebnisse vorwiegend von Experten aus der Wissenschaft und der Bildungspolitik diskutiert wurden, fand die Veröffentlichung der internationalen und nationalen Vergleichsstudien PISA 2000 und PISA 2000-E (Programm for International Student Assessment) das besondere Interesse der Medien und wurde öffentlichkeitswirksam stilisiert als „schwärzeste(r) Tag in der Geschichte der deutschen Schule" (Kahl 2001, zit. nach Fuchs 2003, S. 162). Seither kursieren in der öffentlichen, politischen und wissenschaftlichen Debatte Begriffe wie das ‚PISA-Trauma', der ‚PISA-Schock' oder die ‚Nach-PISA-Ära' und deuten an, dass die Bekanntgabe der PISA-Ergebnisse übereinstimmend als Einschnitt in der Geschichte des deutschen Bildungswesens wahrgenommen wird. ‚Vor-' bzw. ‚Nach-PISA' erscheint als konstitutive Grundunterscheidung, auf die sich der gesellschaftliche Bildungsdiskurs stützt.

PISA führte die Problemlagen des deutschen Schulsystems mit Hilfe von datenbasierten Ranking-Listen klar vor Augen: Die Schülerleistungen sind gegenüber denen anderer Staaten defizitär und variieren stark zwischen den Bundesländern mit ihren unterschiedlichen bildungsföderalen Strukturen sowie zwischen den Einzelschulen. Zudem hat sich der Zusammenhang zwischen der sozialen Herkunft, dem Migrationshintergrund und dem Bildungserfolg als besonders stark erwiesen, so dass man sagen kann, dass herkunftsbedingte soziale Ungleichheiten und Lebensgestaltungschancen im Schulsystem reproduziert werden. Insgesamt verfügt nur die Hälfte aller Schülerinnen und Schüler über eine gesicherte Grundbildung in den Kernfächern. Umgekehrt liegt der Anteil der Schülerinnen und Schüler, die als Jugendliche höchstens auf elementarem Niveau rechnen, lesen oder naturwissenschaftlich denken können, mit ca. 23% überaus hoch (vgl. Deutsches PISA-Konsortium 2001). Vor allem die bei den 15-Jährigen erhobenen Leseleistungen stehen im Zentrum der bildungspolitischen und öffentlichen Debatte, da die Lesefähigkeit als entscheidende Schlüsselkompetenz für Kommunikation, für die Navigation durch größere Informationsmengen sowie für die selektive Nutzung relevanter Informationen gilt. Damit bildet Lesekompetenz die Voraussetzung für die sichere Nutzung älterer wie neuerer Informationsmedien. Fast ein Fünftel der deutschen Schülerinnen und Schüler gelten im Hinblick auf selbstständiges Lesen und Weiterlernen als *potentielle Risikogruppe* (vgl. Feuchthofen 2008).

In der ‚Nach-PISA-Ära' setzte eine vielschichtige und intensiv geführte Diskussion über die Reform des deutschen Bildungssystems ein, die alle Einrichtungen von der Kindertagesstätte über allgemein- und berufsbildende Schulen bis hin zur Ausbildung von Lehrkräften und Erzieherinnen umfasst. Die Kultusministerkonferenz verständigte sich auf einen Katalog von Maßnahmen zur schulischen Qualitätsentwicklung und -sicherung in verschiedenen Handlungsfeldern. Die eingeleiteten Reformen betreffen zum einen die Struktur des Bildungswesens. In diesen Bereich fallen der Ausbau der institutionellen frühkindlichen Betreuung und Erziehung, die Verankerung und konzeptionelle Weiterentwicklung des Bildungsauftrages von Kindertagesstätten, die curriculare und organisatorische Verzahnung des Elementar- und Primarbereichs mit dem Ziel einer früheren Einschulung sowie die Reform der Lehrerbildung. Ein weiterer Reformschwerpunkt liegt in der Umsetzung von Förderprogrammen, darunter Sprachförderungsprogramme im vorschulischen Bereich, schulische Förderungsprogramme für Kinder aus bildungsbenachteiligten Elternhäusern in der sprachlichen, mathematischen und naturwissenschaftlichen Grundbildung, Maßnahmen zur besseren Integration von Migranten ebenso wie die Begabtenförderung. Im Bereich der Schul- und Unterrichtsentwicklung soll die Bildungsqualität vor allem durch *Standardisierungs-* und *Evaluationsprozesse* gesichert werden (vgl. Kiper 2007; Melzer/Wesemann 2006, S. 90). Wie Peter Zedler zusammenfasst, gehören dazu „insbesondere, schulrechtlich verankert: die Festlegung von Kriterien und Verfahren zur Messung des Lernererfolgs, die den Schulen zur Verfügung gestellt werden, die Einführung von regelmäßigen Lernstandserhebungen, die Verpflichtung der Schulen zu Schulprogrammen und deren Kontrolle, einschließlich einer Genehmigungspflicht durch die Kultusadministration, die Einführung von zentralen Abschlussprüfungen, die externe Evaluation in Form von Begutachtungsverfahren der Einzelschulen (z.B. im Wege von Schulinspektionen, externen Evaluationsteams) sowie der Vergleich zwischen den erzielten Leistungen, einschließlich so genannter benchmarks" (Zedler 2007, S. 64).

Im Zentrum dieser Standardisierung- und Evaluationsprozesse steht der Grundsatzbeschluss der Kultusministerkonferenz vom 24.05.2002, „für ausgewählte Schnittstellen der allgemeinbildenden Schularten Bildungsstandards zu erarbeiten, diese als verbindliche Vorgaben für die schulische Arbeit in den Ländern einzuführen und ihre Einhaltung von den Ländern überprüfen zu lassen" (Mansfeld 2004, S. 297). Mit diesem Reformprogramm soll trotz der Kulturhoheit der Länder die bundesweite *Einheitlichkeit* und *Vergleichbarkeit* der Bildungsqualität gestärkt und gesichert werden. Die Bildungsstandards dienen der Klärung und Präzisierung der verbindlichen Ziele schulischen Lernens.

Sie bilden die Maßstäbe für Evaluationsverfahren und heben die Verantwortung der schulischen Akteure für die Zielerreichung hervor. Für die Jahrgangsstufe 4 des Primarbereichs wurden von Arbeitsgruppen der Kultusministerkonferenz Bildungsstandards für die Fächer Deutsch und Mathematik erarbeitet, für den Hauptschulabschluss zudem für die erste Fremdsprache (Französisch/Englisch) und für den Mittleren Schulabschluss darüber hinaus für die Fächer Physik, Chemie und Biologie. Bildungsstandards für die gymnasiale Oberstufe in den Fächern Deutsch, Mathematik, Englisch und Französisch sollen im Schuljahr 2010/2011 eingeführt werden. Daneben wurden neue Bildungspläne und Kerncurricula für die einzelnen Bundesländer aufgestellt, die sich auf die Bildungsstandards beziehen. Diese umfassen auch Standards für die vorausgehenden Jahrgänge und sollen schrittweise auf die in der Abschlussklasse verbindlich zu erreichenden Kompetenzprofile hinführen. Durch die gemeinsame Orientierung an nationalen Standards kommt es zu einer strukturellen und inhaltlichen Annäherung der Bildungspläne der einzelnen Länder. Dieser Angleichungsprozess findet seinen Höhepunkt in der Verabschiedung eines gemeinsamen Rahmenplans für die Grundschule durch die Länder Mecklenburg-Vorpommern, Berlin, Brandenburg und Bremen. Ein solcher länderübergreifender Rahmenplan ist in der Geschichte des deutschen Bildungswesens bisher einmalig (vgl. Knauf u.a. 2005).

Insgesamt betrachtet werden an Bildungsstandards viele Erwartungen, Anforderungen, Hoffnungen und neue Verheißungen geknüpft, die Bildungspolitik an den Ertrag schulischer Lernprozesse und die Qualität der pädagogischen Arbeit von Lehrkräften richtet. Mit der Einführung von Bildungsstandards wird nicht nur die Anhebung der schulischen Lernergebnisse angestrebt, sondern auch die bundesweite Vergleichbarkeit und Anschlussfähigkeit der Schulabschlüsse sowie damit verbunden die Erhöhung der Durchlässigkeit zwischen den einzelnen Schulformen (vgl. Mansfeld 2003, S. 298; Artelt/Riecke-Baulecke 2004, S. 7). Bildungsstandards sollen auf diese Weise einen Beitrag zu mehr Bildungsgerechtigkeit leisten (vgl. Lankes 2006a, S. 9).

2.2 Die Einführung von Bildungsstandards als Übergang von der Input- zur Outputsteuerung des Bildungssystems

Die im Auftrag des Bundesbildungsministeriums und der Kultusministerkonferenz vom ‚Deutschen Institut für Internationale Pädagogische Forschung' (DIPF) unter der Federführung von Eckhard Klieme erstellte und im Februar 2003 vorgelegte Expertise „Zur Entwicklung nationaler Bildungsstandards" bildet die wissenschaftliche Grundlage der politischen Einführung von Bildungsstandards. Die Autoren der Expertise heben hervor, dass die Einführung von Bildungsstandards den Übergang vom Modell der alleinigen Input- zur zunehmenden Outputsteuerung der Qualitätssicherung im Bildungssystem einleitet (vgl. Klieme u.a. 2003).

Die Autoren beziehen sich mit dieser Unterscheidung auf ein bildungswissenschaftliches Modell der OECD zur Analyse der Steuerung und Struktur von Bildungssystemen, das grundlegend zwischen „dem Input ins Bildungssystem, dem Prozess der Beschulung und dem Output" differenziert, wobei das jeweils für ein Bildungssystem spezifische Verhältnis von Input, Prozess und Output von vielfältigen gesellschaftlichen Rahmenbedingungen abhängt (vgl. Fend 2008, S. 21). Die politische und administrative Steuerung von Bildungssystemen unterscheidet sich international vor allem darin, ob stärker regulierend durch den Input oder die Kontrolle des Outputs eingewirkt wird.

Die bisher in der Bundesrepublik vorherrschende ‚Inputsteuerung' umfasst die staatliche planerische Lenkung des Bildungswesens durch finanzielle und personelle Ressourcenzuweisung, rechtliche Vorschriften und inhaltliche Programmvorgaben. Bildungsgänge werden vor allem durch Lehrpläne und darauf bezogene staatlich zugelassene Unterrichtswerke gesteuert, die jeweils Themenfelder und detaillierte Inhalte für die Jahrgangsstufen der unterschiedlichen Schulformen vorgeben. Der Staat unterstellt in diesem Zusammenhang, dass den Lernenden die Lehrplaninhalte vermittelt werden, das ‚realisierte' also dem ‚intendierten Curriculum' entspricht, weshalb eine systematische Evaluation des Lernoutputs nicht durchgeführt wird (vgl. Granzer 2008, S. 51). Die Überprüfung und der Vergleich der faktisch von den Schülerinnen und Schülern erreichten Lernergebnisse ist nur im kollegialen Austausch unter Lehrkräften auf der Ebene einzelner Klassen und Schulen möglich. In Anbetracht der Enttäuschung der Ergebniserwartung der Bildungspolitik durch die Resultate der PISA-Studie setzte ein grundlegendes Misstrauen gegenüber der Wirksamkeit dieser Form der Steuerung des Bildungssystems ein.

Die in der Bildungspolitik nach PISA forcierte ‚*Outputsteuerung*‘ meint hingegen die flächendeckende, länderübergreifende und „systematische Überprüfung der Bildungserträge auf Seiten der Schülerinnen und Schüler", durch die „Steuerungswissen" für die effiziente Gestaltung des Bildungswesens generiert werden soll (Köller 2007, S. 13). Nationale Bildungsstandards für die Kernfächer fungieren dabei als Maßstäbe, vor deren Hintergrund die im Unterricht erreichten bereichsspezifischen Kompetenzen durch schulexterne wie -interne Lernstandsbestimmungen evaluiert werden. Damit bilden sie zugleich Maßstäbe für „verantwortliches professionelles Handeln von Lehrpersonen" und Maßstäbe für „Anforderungsniveaus an Klassen, Schulen, Schulformen und Länder" (Klieme 2004b, S. 625). Curriculumsentwicklung und Bildungsforschung gehen im Zuge der Ausrichtung an Standards weg von der inputorientierten Vorgabe konkreter unterrichtlicher Themen und Inhalte hin zur outputorientierten Optimierung und systematischen Evaluation der Lern- und Leistungsergebnisse.

Hinter dieser Neuorientierung im Bildungswesen stehen aus der Ökonomie entliehene Management- und Organisationsentwicklungskonzepte, die die effiziente Steuerung von Organisationen durch die systematische Kontrolle ihrer Leistungsergebnisse (Output) anhand vorab definierter Gütekriterien (Standards) anstreben. Die Qualität der Leistungsergebnisse einer Organisation, seien es Waren oder Dienstleistungen, wird anhand dieser Standards bemessen (vgl. Rekus 2004, S. 77ff.). Diese Evaluation gibt im Idealfall Auskunft darüber, in welchen Bereichen der Input und die Prozessabläufe einer Organisation verbessert werden können. Outputsteuerung betrachtet somit das Verhältnis von

Input und Prozessen einer Organisation aus der Perspektive ihrer Ergebnisse. Bleibt der Output einer Schule hinter den Erwartungen zurück, können einerseits unzureichender Input (z.b. finanzielle Ressourcen) oder andererseits eine wenig effiziente didaktisch-methodische Prozessgestaltung für die schlechten Ergebnisse verantwortlich sein. Wie Wolfgang Böttcher erläutert, beschränkt sich Outputorientierung damit nicht auf die Messung der Ergebnisse einer Schule. Das eigentliche Steuerungsmoment liegt vielmehr in der „Steuerung der Inputs und der Prozesse über die konsequenzhaltige Analyse von vorab definierten erwünschten Organisationsergebnissen" (Böttcher 2006, S. 676). Das komplexe Wechselspiel zwischen Input, Prozess und Output wird insofern nicht negiert, sondern aus dem Scheinwerfer der Outputs einer Analyse zugänglich gemacht.

Mit diesem Modell folgt die deutsche Bildungspolitik einem internationalen Trend zur Steuerung von Bildungssystemen durch standardisierte leistungsbezogene Evaluation, der in den angelsächsischen und skandinavischen Ländern bereits eine längere Tradition hat. Die Kultusministerkonferenz begründet diesen Richtungswechsel mit den bei internationalen Schulvergleichsstudien insgesamt höheren „Leistungsergebnissen skandinavischer und einiger angloamerikanischer Staaten, in denen eine systematische Rechenschaftslegung über die Ergebnisse erfolgt – sei es durch regelmäßige Schulleistungsstudien, sei es durch zentrale Prüfungen oder durch ein dichtes Netz von Schulevaluationen" (Website der KMK 2008). Solche objektiven Messungen von Fähigkeiten, so die Annahme, wirken sich förderlich auf die Kompetenzgenese der Kinder und Jugendlichen und auf die pädagogische Gestaltung effektiver Bildungsangebote aus.

Damit Bildungsstandards als verbindliche Maßstäbe für Schulqualität gelten können, müssen sie den in der ‚Klieme-Expertise' formulierten Gütekriterien Stand halten können. Sie sollen „präzise, verständlich und fokussiert die wesentlichen Ziele der pädagogischen Arbeit (benennen), ausgedrückt als erwünschte Lernergebnisse der Schüler. Damit konkretisieren sie den Bildungsauftrag, den Schulen zu erfüllen haben" (Klieme u.a. 2003, S. 4). Bildungsstandards formulieren Gelingensansprüche an das Lehren und Lernen in der Schule; sie setzen somit Normen, die den Unterrichtsprozess leiten sollen (vgl. Heymann 2004, S. 7). Diese Normen beziehen sich auf die erwarteten Kompetenzleistungen von Schülerinnen und Schülern am Ende bestimmter Jahrgangsstufen („performance standards'). Da Kompetenzen im Unterricht nur anhand geeigneter Gegenstände und mit Hilfe lernförderlicher Methoden erworben werden können, betrifft der Diskurs über Qualitätsstandards auch die Auswahl der Unterrichtsinhalte („content standards') und die Unterrichtsgestaltung („opportunity-to-learn-standards'). Auch ein auf Outputsteuerung abgestelltes System funktioniert nicht ohne Input- und Prozesssteuerung, wobei diese Bereiche primär Themen der innerschulischen Qualitätsentwicklung sind, da nationale Bildungsstandards hier keine Vorgaben machen. Gütekriterien der als „performance standards' konzeptualisierten nationalen Bildungsstandards sind gemäß der so genannten „Klieme-Expertise'

- die Fokussierung auf die Kernbereiche der Fächer oder Fächergruppen und ihre grundlegenden Begriffsvorstellungen, Grundprinzipien, Verfahren und grundlegenden Wissensbestände,
- die Benennung von Kompetenzen als Resultate übergreifenden, kumulativen, systematischen und vernetzten Lernens, die zu vorgegebenen Zeitpunkten (etwa am Ende der 4. Klasse) verfügbar sein sollen,
- die verbindliche Festlegung von Mindeststandards sowie die Entwicklung von Regel- und Maximalstandards auf der Basis von Kompetenzstufenmodellen zur differenzierten Bestimmung von Lernentwicklungen und Lernleistungen,
- ihre Verständlichkeit für Lehrer, Schüler und Eltern,
- ihre Erreichbarkeit durch geeignete didaktisch-methodische Maßnahmen,
- eine präzise Beschreibung von Leistungserwartungen, die Konzeptualisierungen von Aufgaben und Testverfahren ermöglicht (vgl. Klieme u.a. 2003, S. 17-23).

Die Empfehlungen der Expertenkommission um Klieme sind nicht vollständig in die von der Kultusministerkonferenz verabschiedeten Bildungsstandards eingeflossen. Eine zentrale Aufgabe für die geplanten zukünftigen Weiterentwicklungen der Bildungsstandards durch das eigens dafür eingerichtete ‚Institut zur Qualitätsentwicklung im Bildungswesen' (IQB) an der Berliner Humboldt-Universität besteht in der Absicherung der Standards durch empirisch erprobte *Kompetenzmodelle*. Diese sollen die Standards weiter präzisieren, indem sie das prozess- und entwicklungsbezogene Zusammenspiel von Teilkompetenzen in Lernprozessen nachbilden und zwischen verschiedenen Kompetenzstufen unterscheiden *(vgl. Kapitel 3.3)*. Solche Modelle liegen jedoch noch nicht vor. Damit ist eine genaue Beschreibung von Schwierigkeitsgraden bei fachlichen Aufgaben noch nicht hinreichend gesichert. Vor diesem Hintergrund hat sich die Kultusministerkonferenz entgegen der ‚Klieme-Expertise' dafür entschieden, *Regelstandards* und nicht *Mindeststandards* festzulegen. Regelstandards gelten den durchschnittlich erwartbaren Kompetenzen der Lernenden, Mindeststandards hingegen der Leistung, die im Hinblick auf den Schulerfolg nicht unterschritten werden darf. Die Entwicklung von Niveaudefinitionen ausgehend von Mindeststandards setzt empirische Informationen voraus, um „die tatsächliche Verteilung der jeweils interessierenden Kompetenz bei den deutschen Schülern einer Altersstufe mit zu berücksichtigen" (Artelt/Riecke-Baulecke 2004, S. 21). Jedoch nur mit Hilfe der noch zu definierenden Mindeststandards wird es möglich sein, die schulischen Erfolgschancen von Kindern mit bildungsfernem familiärem Hintergrund wirklich zu verbessern. Ausschließlich Mindeststandards können Schulen auf die Sicherung grundlegender und zum Schulerfolg führender Bildung bei allen Kindern verpflichten.

Ungeachtet der bestehenden Defizite und Probleme steht das auf den Weg gebrachte Programm ‚Bildungsstandards' insgesamt für die (1) klare Festlegung von Kompetenzzielen, (2) die Ermöglichung der Zielerreichung durch geeignete didaktische und schulorganisatorische Arrangements und (3) die Überprüfung, ob die festgelegten Kompetenzen auch erreicht wurden.

2.3 Bildungsstandards, Schulautonomie und eigenverantwortliches Lehren und Lernen

Outputsteuerung ist zwar eine bildungspolitisch und administrativ ange-stoßene Entwicklung (‚top-down'), im Effekt verstärkt sie aber die Bedeu-tung und den Gestaltungsspielraum der Einzelschule als *eigenständige Organisation*, die als ‚Zentrum der Qualitätsentwicklung' verstanden wird. Die Einführung von Bildungsstandards eröffnet den Einzelschulen vor allem einen Zuwachs an pädagogischer Freiheit und Eigenverant-wortlichkeit im Bereich des Lehrens und Lernens, wie im Folgenden im Kontext der Debatte über die Dezentralisierung staatlicher Verantwor-tung im Schulwesen erläutert wird.

Der Staat setzt mit Bildungsstandards ausschließlich Rahmenvor-gaben für die schulische und unterrichtliche Qualitätsentwicklung. Diese werden als verbindlich erwartete Lernergebnisse formuliert, deren Errei-chen durch die zielorientierte, methodisch strukturierte und professio-nell-pädagogisch durchgeführte Gestaltung von Bildungsangeboten er-möglicht und sichergestellt werden soll. Bildungsstandards treffen keine didaktisch-methodischen Aussagen im engeren Sinne. Überlegungen und Entscheidungen über die Gestaltung der schulinternen Curricula bzw. Stoffverteilungspläne, die Auswahl der Inhalte, Unterrichtskonzep-te, Methoden und Arbeitsschwerpunkte treffen die Kollegien, Fachkonfe-renzen und Lehrkräfte eigenverantwortlich vor dem Hintergrund des verbindlich festgelegten Outputs. Durch diesen erweiterten Freiraum sollen die Einzelschulen den staatlich erteilten Bildungsauftrag möglichst optimal an die jeweiligen schulischen und klassenspezifischen Voraus-setzungen und Rahmenbedingungen anpassen. Sie sollen also vor Ort „Mittel und Wege finden können, mit deren Hilfe die Schülerinnen und Schüler die verlangten Standards auch erreichen können" (von Sal-dern/Paulsen 2004, S. 96).

Bildungsstandards fügen sich mit dieser Zielsetzung nahtlos in die gegenwärtigen bildungspolitischen Schulentwicklungsvorgaben der Länder ein, die übereinstimmend eine Vergrößerung der organisatorischen, wirtschaftlichen und pädagogischen *Gestaltungsautonomie* der Einzelschule anstreben (vgl. z.B. Busemann u.a. 2007). Infolgedessen wird den Schulen nicht nur eine erweiterte Entscheidungsbefugnis, sondern auch ein größeres Maß an Verantwortung für den Lernerfolg ihrer Schülerinnen und Schüler übertragen. Diese *Dezentralisierung* staatlicher Verantwortung sowie die oben beschriebene *Rezentralisierung* nationaler Leistungserwartungen durch Bildungsstandards greifen ineinander. Dadurch entsteht eine grundsätzliche Pflicht zur Rechenschaftslegung über den pädagogischen Erfolg einer Schule. Die Ergebnisse der Arbeit müssen von den Kollegien dokumentiert und gegenüber den Kindern, den Eltern sowie der Schulaufsicht offen gelegt und vertreten werden.

Dezentralisierung, Rezentralisierung und Outputorientierung gelten als komplementäre *‚bildungsökonomische Prinzipien'*, insofern mit ihnen eine Erhöhung der Effizienz von Bildungsorganisationen intendiert ist. Die Gewährung von ‚Autonomie' geht mit neuen Verbindlichkeiten und einer leistungsorientierten Rechenschaftspflicht für den Erfolg einzelner Schulen einher. Die staatlich verordnete ‚Autonomie' empfinden zahlreiche Kollegen und Kolleginnen allerdings als ‚Scheinautonomie', denn an die Stelle zurücktretender Verfahrens- und Verwaltungsvorschriften treten neue Abhängigkeiten, die vor allem aus den *wettbewerbsorientierten Implikationen der Standardisierung und Evaluation von Lernergebnissen* resultieren.

Wie Helmut Fend erläutert, geht die neue Bildungsökonomie in Analogie zu wirtschaftlichen Unternehmen von einem Verständnis von Schule als „'Betrieb' der ‚Produktion von Schulleistungen'" aus (Fend 2008, S. 108). Die Standardisierung und Evaluation von Zielkriterien auf der einen Seite und die Dezentralisierung staatlicher Verantwortung auf der anderen Seite sind für ihn eng miteinander verzahnte Grundsätze eines neuen ökonomischen Denkens im öffentlichen Sektor, das seit den 1980er Jahren international unter dem Leitbegriff *‚New Public Management'* firmiert und in der deutschen Bildungspolitik und Schuladministration nach PISA verstärkt rezipiert wird.

Konzepte des ‚New Public Managements' beziehen sich nicht nur auf den schulischen Bereich, sondern auf alle öffentlichen Verwaltungsführungen. Sie reagieren auf die Finanzierungsprobleme des Sozialstaates und intendieren eine effiziente Steuerung staatlicher Organisationen durch die Übernahme betriebswirtschaftlicher Managementkonzepte (vgl. Proeller/Schedler 2006). Ungeachtet der unterschiedlichen konzeptionellen Ausprägungen in einzelnen Staaten steht ‚New Public Management' grundsätzlich für einen outputorientierten Modernisierungskurs. Kernelemente sind die Einführung von Ziel- und Leistungsvereinbarungen in den verschiedenen Verwaltungsbereichen. Darauf bezogen erfolgt eine globale Budgetierung und die Einräumung eines großen Freiraums, um die Ziele in eigener Verantwortung erreichen zu können. Die politische und administrative Verantwortung beschränkt sich auf die Kontrolle der Zielerreichung, die Ergebnisse dieser Überprüfung bilden dann für die jeweilige Organisation eine wichtige Grundlage, um gezielt Maßnahmen zur Optimierung der Geschäftsprozesse zu treffen.

Unter Beibehaltung der staatlichen Gesamtverantwortung bedeutet dieser Reformkurs für das Bildungswesen eine Entlassung der Schulen in eine zunehmende (betriebswirtschaftliche) Autonomie im Wettbewerb der Bildungsangebote bei gleichzeitiger standardbezogener Evaluation der Bildungserträge auf Seiten der Schülerinnen und Schüler durch Vergleichsarbeiten und Schulinspektionen *(vgl. Kapitel 2.4)*. Der eröffnete Freiraum, zielführende Bildungsangebote zu offerieren und über ihre Effektivität Rechenschaft abzulegen, gibt den einzelnen Schulen die Möglichkeit zur pädagogischen und organisatorischen *Profilierung*. Die Verbindung von Schulautonomie und Evaluation beschreibt Fend daher als Übergang von einem „staatlichen Bildungswesen" zu einer modernen „Dienstleistungsorganisation" und betont: „Von diesem Steuerungsmodell zu einem Marktsystem ist es nur noch ein kleiner Schritt" (Fend 2008, S. 109). Diese Entwicklung in Richtung Marktsteuerung findet bereits jetzt augenfälligen Ausdruck in Debatten über Schulen als ‚Bildungs- und Erziehungsdienstleister' und Kinder und Eltern als ‚Kunden'. Befördert wird dadurch auf Seiten der ‚Kunden' eine erhöhte Anspruchshaltung an die Qualität der Angebote. Ansprüche werden u.a. an die Erweiterung der Erziehungsfunktion der Schule gestellt, an die didaktische Perfektionierung effektiven Unterrichts sowie – als unerwünschte Nebenfolge – auch an die Vergabe guter Noten und hoher Bildungspatente (vgl. Greiner 1999, S. 61).

Bislang besteht noch eine Diskrepanz zwischen dieser unternehmerischen, wettbewerbsorientierten Programmatik und der schulischen Realität. Mit Schulautonomie und Evaluation sind zwar Grundlagen für eine stärkere Wettbewerbsorientierung geschaffen, ihre konsequente Umsetzung wäre aber erst durch die flächendeckende Einführung der freien, nachfrageorientierten Schulwahl durch die Schüler und Eltern im Kontext der Auflösung der Schulbezirke sowie im Rahmen einer leistungsbezogenen Budgetierung der Einzelschulen realisiert. Helmut Klein berichtet, dass Länder wie Dänemark, Schweden oder die Niederlande zu diesem Zweck staatlich finanzierte Bildungsgutscheine eingeführt haben, die Eltern für ihre Kinder frei an öffentlichen oder privaten Schulen ihrer Wahl einlösen können (vgl. Klein 2008, S. 8). Die Einführung solcher ‚Scheinmärkte' im Bildungsbereich wird primär mit dem daraus resultierenden Anreiz zur Entwicklung von Schulqualität begründet. Als weitere Gründe werden u.a. die stärkere Orientierung an den Interessen und Bedürfnissen der Nachfrager von Bildungsangeboten und mithin die Vervielfältigung der Schullandschaft genannt. Stichhaltige empirische Hinweise auf eine faktische Verbesserung der Schülerleistungen in einem auf unternehmerischen Wettbewerb abgestellten Bildungssystem liegen – so das Ergebnis einer von Heinke Röbken durchgeführten Durchsicht einschlägiger internationaler Studien – jedoch nicht vor (vgl. Röbken 2008). Die betriebswirtschaftliche Steuerung birgt dagegen die Gefahr eines Auseinanderklaffens der Bildungsqualität. An Schulen kann nicht nur ein Wettbewerb um das beste Bildungsangebot entstehen, sondern auch um die leistungsstärksten Schülerinnen und Schüler, die die besten Evaluationsergebnisse erbringen. So können „Wohlstands- und Benachteiligtenschulen" (Krautz 2007, S. 142) entstehen. Bildungsevaluation ist aus pädagogischer Perspektive daher nur dann legitim, wenn sie im Dienste aller Schülerinnen und Schüler mit der gezielten Unterstützung von Einzelschulen verknüpft ist und eine soziale Spaltung von Schulen ausgeschlossen ist.

2.4   Bildungsstandards und Bildungsevaluation

Bisher wurde betont, dass Bildungsstandards verbindlich erwartete Ergebnisse schulischer Lernprozesse benennen. Die Aufgabe der Lehrperson besteht darin, den Erwerb dieser Kompetenzen sicherzustellen. Damit sind klare Anforderungen an ergebnisorientiertes Lehren und Lernen vorgegeben. Wie bereits oben thematisiert, wird im Rahmen der Outputorientierung eine zunehmende Kontrolle des langfristig Gelernten in staatlicher Verantwortung durch *Vergleichsarbeiten* umgesetzt. Vergleichsarbeiten, in einigen Bundesländern auch Lernstandserhebungen genannt, schließen methodisch an die internationalen Schulleistungsstudien an, ohne den Anspruch auf ein „abgesichertes Systemmonitoring" zu erheben (Orth 2007, S. 16). Sie enthalten Aufgaben auf unterschiedlichem Anspruchsniveau und sollen Aufschluss über den Stand der Kompetenzbeherrschung einer Klasse geben. Der Ausdruck ‚Vergleich' bezieht sich (1) auf die Ebene der Leistungen einzelner Schülerinnen und Schüler einer Klasse, (2) auf Parallelklassen einer Schule sowie (3) Schulklassen im Landesvergleich, wobei das jeweilige schulische Einzugsgebiet berücksichtigt wird. Zu diesem Zweck wird z.B. in Hamburg ein *Schulbelastungsindex* erstellt, auf dessen Basis Schulen mit ähnlichen Rahmenbedingungen (u.a. soziale Zusammensetzung der Schülerschaft, ökonomische Lage des Elternhauses, Anzahl der Kinder mit Migrationshintergrund) miteinander verglichen werden. Dieser Belastungsindex steht im Zeichen der neuen pädagogischen Ergebnisverantwortung, denn Schulen, die „schlechter abschneiden als erwartet, [...] können die Befunde nun nicht mehr so leicht extern attribuieren, sondern werden sich mit schulinternen Gründen für ihr erwartungswidrig schlechtes Abschneiden auseinander setzen müssen" (Hornberg/Bos 2007, S. 179). Diese Form der Kontrolle wird in vielen Bundesländern ergänzt durch *Schulinspektionen*, welche die Handlungseinheit Schule als Ganzes in den Blick nehmen. Schulinspektoren überprüfen kriteriengeleitet u.a. Aspekte der Schulgestaltung und -entwicklung, das unterrichtliche Handeln von Lehrkräften – und die praktische Umsetzung der Bildungsstandards.

Durch dieses Netz externer Kontrollen stehen Bildungsstandards im Unterschied zu inputorientierten Lehrplänen für eine *neue curriculare Verbindlichkeit des Unterrichts*. Lehrpersonen sind angehalten, einen zeitlichen, methodischen und didaktischen Schwerpunkt auf die Vermittlung der curricular fixierten Kompetenzen zu legen. Sie können es sich nicht erlauben, an den Bildungsstandards vorbei zu unterrichten, wenn ihre Schülerinnen und Schüler in Vergleichsarbeiten gute Bewertungen erhalten sollen. Überlegungen zur zusätzlichen Verstärkung der Bindung an die Bildungsstandards bestehen darin, an ihr Verfehlen zukünftig Sanktionen zu knüpfen, falls die Lehrenden keine befriedigende Rechenschaft über die Kompetenzdefizite der Lernenden ablegen können. Aus diesen Gründen wird die intensive Beschäftigung mit curricularen Vorgaben zum integralen und nicht länger zu vernachlässigenden Teil des professionellen Handelns von Lehrkräften.

Die praktische Implementierung erfordert jedoch nicht nur die Ausrichtung des Unterrichts an den Kompetenzbeschreibungen der Bildungsstandards, sondern verlangt darüber hinaus eine kontinuierliche Förderung der Lernenden auf Basis einer gründlichen *Kompetenzdiagnostik*. Wie in der ‚Klieme-Expertise' hervorgehoben wird, dienen Bildungsstandards daher nicht nur als Zielkriterien für die Unterrichtsplanung, sondern zugleich als Reflexionsmaßstäbe für den erreichten Lernzuwachs der Schülerinnen und Schüler. Hieran gemessen sollen den Leistungsschwächeren gezielt Fördermaßnahmen und den Leistungsstärkeren Vertiefungsperspektiven angeboten werden (vgl. Klieme u.a. 2003). Diese förderdiagnostische Zielsetzung, die traditionelle Lehrpläne so nicht vorsehen, kann auf grundlegende Weise umgesetzt werden, indem Kompetenzbeschreibungen als Maßstäbe zur Beurteilung der Stärken und Schwächen einzelner Lernender genutzt werden *(vgl. Kapitel 5.1)*. Die Lehrenden schätzen auf Basis vielfältiger Unterrichtsbeobachtungen ein, ob ein Schüler oder eine Schülerin eine Kompetenz anfänglich, ordentlich oder sehr gut beherrscht bzw. eventuell auch verfehlt. Die Leistungseinschätzung auf der Grundlage von Unterrichtsbeobachtungen wird sinnvoll ergänzt durch Kompetenztests, die auf Bildungsstandards bezogen sind und derzeit auf dem Buchmarkt von unterschiedlichen Verlagen angeboten werden. Eine vom Anspruch her diagnostische und nicht selektive Funktion sollen auch *Vergleichsarbeiten* erfüllen.

Lehrpersonen werden deshalb aufgefordert, die rückgemeldeten Ergebnisse von *Vergleichsarbeiten* in kollegialer Kooperation diagnostisch zu interpretieren, zu bewerten und daraus didaktische Konsequenzen zu ziehen, um die Unterrichtsqualität systematisch weiter zu entwickeln. Das Ziel besteht in der Optimierung des Inputs vor dem Hintergrund von Outputergebnissen. Beispielsweise kann die Erfassung schlechter Kompetenzleistungen im Lesen in einem dritten Schuljahr den Anlass zur Auswahl und Umsetzung spezieller unterrichtlicher und außerunterrichtlicher Maßnahmen zur Leseförderung bilden. Der Weg von der „Evaluation zur Innovation" (Helmke 2004) ist jedoch schwierig, nicht zuletzt deshalb, weil sich aus den erhobenen Daten keine eindeutigen und gesetzesmäßigen Rückschlüsse für die Qualitätsverbesserung in einzelnen Schulen oder Klassen ableiten lassen (vgl. Heid 2006). Nach wie vor ungeklärt ist vor allem, ob den Vergleichsarbeiten eine eher lerngruppenbezogene oder eher individualdiagnostische Bedeutung zukommt. Grundlegend ist auch zu fragen, welche Dimensionen des pädagogischen Handelns im alltäglichen Unterricht durch zentrale Tests überhaupt verändert werden können.

Empirische Wirkungsstudien lassen Skepsis gegenüber der bisher erzielten Wirkung von Vergleichsarbeiten als Instrument der datenbasierten Unterrichtsentwicklung aufkommen. Es zeigte sich, dass eine bloße Rückmeldung von Ergebnissen offensichtlich nicht per se zu einer Optimierung des Unterrichts führt. Uwe Meyer verweist in diesem Zusammenhang auf das paradoxe Verhältnis zwischen externer Kontrolle, Selbstevaluation und der Aufforderung zur Schul- und Unterrichtsentwicklung: „Einerseits wird mit zentralen Tests der Versuch unternommen, Schuleffektivitätsforschung für Einzelschulentwicklungsprozesse anschlussfähig zu machen. Andererseits werden die Tests von der Bildungsadministration verordnet und somit von Lehrkräften auch als externes Kontrollinstrument wahrgenommen." Aufgrund dieser als negativ empfundenen persönlichen Kontrolle und dem konzeptionell ungeklärten Verhältnis von externer und interner Evaluation ist für Meyer „die

Nutzung von Leistungsrückmeldungen in den einzelnen Lehrerkollegien […] somit sehr fragwürdig und es ist mit hochkomplexen Rezeptionsproblemen zu rechnen" (Meyer 2008, S. 96f.). Ähnlich konstatiert auch Jörg Schlömerkemper eine Antinomie zwischen Autonomie und obrigkeitsstaatlicher Kontrolle, Unterrichtsentwicklung und Evaluation: „In den einzelnen Schulen sollen die Kollegien das Lehren und Lernen so gestalten, wie es den situativen Bedingungen am besten gerecht werden kann und ‚Bildung' möglich wird. Zugleich aber sollen die Schulen den allgemeinen Vorgaben so entsprechen, dass die schulinterne Arbeit nach extern gesetzten Standards überprüft werden kann […] Die Verbindlichkeit von Standards und die prinzipielle Offenheit von Bildungsprozessen […] scheinen jedoch nicht in befriedigender Weise miteinander vereinbar zu sein" (Schlömerkemper 2006, S. 104).

Ausgehend von dieser Problemlage befragte Meyer 307 Lehrkräfte unterschiedlicher Schulformen im Anschluss an den ersten verpflichtenden Durchgang von Vergleichsarbeiten in Baden-Württemberg nach dem pädagogischen Nutzen, den sie aus den rückgemeldeten Ergebnissen ziehen. Es zeigte sich u.a., dass die Akzeptanz von Vergleichsarbeiten eindeutig an ihre Wahrnehmung als förderdiagnostisches Instrument gebunden ist. Die Mehrheit der Lehrkräfte bezweifelt jedoch dieses unterstellte Potential von Vergleichsarbeiten, da durch „die bisher stark summative Ausrichtung der Tests (am Ende eines zweijährigen Bildungsabschnittes) eine Ableitung differenzierter Lernstandsbeschreibungen nicht möglich erscheint." Zudem liegt bisher keine systematisch über Lehrerbildung und Lehrerfortbildung vermittelte „Strategie zur Nutzung externer Leistungsrückmeldungen vor", die diagnostische und didaktische Verwertung der Daten bleibt „Privatsache" (Meyer 2008, S. 112f.).

Wie Befragungen von Grundschullehrkräften durch Jana Groß Ophoff u.a im Anschluss an die VERA-Vergleichsarbeiten gezeigt haben, beschränken sich die als Reaktion auf die Klassenergebnisse getroffenen Maßnahmen im Kern auf die „Wiederholung und Neuaufnahme von Stoffgebieten" wie auf den Einsatz von Unterrichts- und Testaufgaben zum Zweck der Kompetenzförderung, die an das VERA-Format angelehnt sind. Deutlich wurde im Rahmen dieser Studie, dass die Akzeptanz

und die pädagogische Reflexion von Vergleichsarbeiten dann am stärks-
ten ausgeprägt sind, wenn Lehrkräfte externe Unterstützungsangebote in
Anspruch nehmen können, wie z.b. schulinterne Fortbildungen für den
Umgang mit Ergebnisrückmeldungen durch so genannte ‚VERA-
Koordinatoren' (vgl. Groß Ophoff u.a. 2007, S. 84).

Vor dem Hintergrund der referierten Forschungsergebnisse lässt
sich als zentrale zukünftige Aufgabe der datenbasierten Unterrichtsentwicklung die organisatorische und konzeptuell geleitete Verzahnung von
externen Leistungsrückmeldungen (Effektanalysen) und Selbstevaluatio-
nen von Schulen (Prozess- und Strukturanalysen) festhalten (vgl. Riecke-
Baulecke 2008, S. 38).

3 Zur Konzeption von Bildungsstandards als Kompetenzziele schulischen Lernens

Im Mittelpunkt der vorigen Kapitel stand die *Funktion* von Bildungsstandards als Qualitätsmaßstäbe für die Gestaltung, Entwicklung und Evaluation schulischer Lernangebote. Es wurde bereits darauf verwiesen, dass Bildungsstandards ,*kompetenztheoretisch'* begründete Leistungserwartungen an die Erträge schulischer Lernarbeit stellen, auf deren Basis die „Qualität des Bildungssystems hinsichtlich von Bildungsergebnissen verbessert und überprüft" wird (Uhle 2007). In diesem Zusammenhang ist es notwendig, den Blick von der Funktion zur *Konzeption* von Bildungsstandards zu wenden und das Verständnis von Bildung als Kompetenzentwicklung und von Unterricht als Anregung bzw. Aufforderung zum Kompetenzerwerb näher zu spezifizieren.

In den folgenden Kapiteln soll daher der Frage nachgegangen werden, in welcher Hinsicht sich kompetenzorientierter Unterricht nach Bildungsstandards von der traditionellen inhaltsorientierten Lehrplanarbeit unterscheidet. In einem ersten Darstellungsschritt wird das den Bildungsstandards zugrunde gelegte ,funktional-pragmatische' Bildungsverständnis aus historisch-systematischer Sicht näher betrachtet, wobei die kompetenztheoretische Grundlegung von Bildungsstandards in der Verbindung angloamerikanischer ,Literacy'-Konzepte und zentraleuropäischer Diskurse über Kernkompetenzen gesehen wird *(Kapitel 3.1).* Anknüpfend an diese grundlegenden Reflexionen über das veränderte schulische Bildungsverständnis erfolgt eine Darstellung der Konstruktionsprinzipien von Bildungsstandards, welche die Konzeptualisierung und das Arrangement der curricular ausgewiesenen Kompetenzen in den Mittelpunkt stellt *(Kapitel 3.2).* Da die vorliegenden Bildungsstandards sowie die Maßnahmen zu ihrer Überprüfung als „vorläufige Schritte auf einem gewiss noch längeren Weg" (Speck-Hamdan 2007, S. 94) eingeschätzt werden, sollen abschließend zentrale Kritiken und davon abgeleitete Anforderungen an die Weiterentwicklung von Standards zusammengefasst werden *(Kapitel 3.3)*.

3.1 Bildungsstandards als Kompetenzstandards

Eckhard Klieme sieht in der Einführung von Bildungsstandards einen Wandel in der Grundphilosophie von Curriculartheorie und Didaktik: „Früher wollte man mit dem Unterricht ‚Inhalte' vermitteln und ‚Lernziele' erreichen, heute möchte man, dass Schüler ‚Kompetenzen' entwickeln (vgl. Klieme 2004a, S. 6). Bildungsstandards zählen die Kompetenzen auf, über die Kinder und Jugendliche am Ende eines schulformbezogenen Bildungsgangs verfügen sollen. Inhalte, Stoffe und Themen schulischen Lernens werden damit zu mehr oder weniger variablen Platzhaltern für den Erwerb vorgegebener Kompetenzen. Begünstigten bisherige inputorientierte Lehrplanvorgaben eine bestimmte Art der Wahrnehmung des Unterrichts und des Lehrerjargons, wonach man je nach Fach gerade ‚Jona', ‚Magnetismus' oder ‚Märchen' ‚macht', so lenken die vorgegebenen Bildungsstandards die Aufmerksamkeit auf die Fragen: Welche Kenntnisse, Fähigkeiten und Einstellungen können die Schülerinnen und Schüler in der Auseinandersetzung mit diesen Unterrichtsthemen erwerben? Wie lässt sich der Kompetenzerwerb evaluieren? Ein Unterrichtsinhalt ist aus dieser Perspektive nach der Frage auszuwählen, welche Kenntnisse, Fähigkeiten und Einstellungen an ihm erworben werden können, wobei er aus zeitökonomischen Gründen didaktisch so aufzubereiten ist, dass möglichst viele der curricular ausgewiesenen Kompetenzen an ihm angebahnt, erworben oder weiterentwickelt werden können. Im Unterschied zu inhaltsorientierten Lehrplänen und Didaktiken wandelt sich damit die didaktische Kernaufgabe von Lehrkräften grundlegend: Nicht mehr die Erschließung eines Stoffgebietes und die Ableitung von Lernzielen bilden die Ausgangspunkte der Unterrichtsplanung, sondern die Auseinandersetzung mit dem „Sinngehalt" ausgewählter Bildungsstandards und die Suche nach dafür zweckmäßigen Bildungsinhalten und Lernwegen (vgl. Ziener 2006). Dieser Wandel in der Grundauffassung von Curriculartheorie und Didaktik ist in der Geschichte pädagogischen Denkens und der Entwicklung des Bildungssystems schon seit längerem vorgezeichnet. Eine kurze historisch-systematische Betrachtung des Übergangs von ‚materialer', d.h. an vorgegebenen Inhalten und Themen ausgerichteter Bildungstheorie, zu ‚kompetenzorientiertem Lehren und Lernen' soll darüber Aufschluss geben.

In der klassischen Bildungstheorie wird die Aneignung von Weltwissen in einem untrennbaren Zusammenhang mit der Bildung von Persönlichkeit und Individualität gesehen. Gemäß der Lehrplantheorie in der Tradition Wilhelm von Humboldts vollzieht sich Bildung im Medium der kulturellen Tradition, die in Form des abendländischen Bildungskanons nicht nur Inhalte, sondern auch unterschiedlicher Zugänge zur Welt verkörpert, die als historisches, mathematisches, sprachliches und ästhetisch-expressives Lernfeld curricular ausgewiesen werden. Im Zuge der beschleunigten Produktion und damit zusammenhängend der Pluralisierung und schnellen Veralterung von Wissensbeständen wurde eine fachsystematische und inhaltsbezogene Ausrichtung von Curriculartheorie und Didaktik zunehmend schwieriger. Bildungstheoretische Didaktik in der Tradition der Geisteswissenschaftlichen Pädagogik reagiert auf die Pluralisierung des Wissens mit besonderen Akzentuierungen in der Auswahl der Bildungsinhalte: ‚Fundamental', ‚klassisch' und ‚exemplarisch' soll das in der Schule vermittelte Wissen sein (vgl. Blankertz 1975). In seiner kritisch-konstruktiven Weiterentwicklung dieses Verständnisses von Schulunterricht formuliert Wolfgang Klafki mit der Frage nach der ‚Zugänglichkeit', ‚Gegenwarts-' und Zukunftsbedeutung' weitere Auswahlkriterien für Bildungsinhalte, die sowohl aktuelle Interessen und Bedürfnisse der Kinder berücksichtigen, als auch ihren in die Zukunft hineinreichenden Emanzipationsprozess. Fachsystematik und Kindorientierung sind in dieser Lehrplanung grundlegend aufeinander bezogen (vgl. Klafki 1996).

Der eigentliche Wandel in der „Grundphilosophie von Unterricht" wird mit dem in den 1970er Jahren zuerst in der Berufsbildung aufkommenden Konzept der ‚Schlüsselqualifikationen' eingeleitet (vgl. z.b. Robinsohn/Thomas 1968; Mertens 1974), das die vergangenheitsbezogene Orientierung traditioneller Lehrpläne an kulturellen und geistigen Traditionen zugunsten des Blicks auf gegenwärtige und zukünftige Lebensanforderungen verlässt. Dieser Übergang von der traditionellen bildungstheoretischen zur qualifikationstheoretischen Curriculartheorie und Didaktik geht einher mit einer verstärkten Rezeption der Ergebnisse der Qualifikationsforschung, die auf den schnellen technologischen und organisatorischen Wandel beruflicher Anforderungen und die Schwierigkeiten ihrer inhaltlichen Konkretisierung verweist. Formale Qualifikationen wie Problemlösefähigkeit, Kooperationsfähigkeit, Flexibilität, Transferfähigkeit, Selbstständigkeit, Eigenverantwortlichkeit und Selbstorganisationsfähigkeit, die als ‚Schlüssel' zur Erschließung sich schnell verändernder beruflicher Problemlagen sowie fachlicher Wissensbestände angesehen werden, halten im Gefolge dieser Befunde Einzug in Lehrpläne beruflicher Bildung und greifen auch auf die schulische Bildungsdiskussion über. So wird in der Curriculumstheorie der 70er Jahre die funktionale Verwertbarkeit schulischen Lernens in den Mittelpunkt gerückt. Lernziele sollen zu diesem Zweck exakt operationalisiert und überprüfbar gemacht werden (vgl. Mager 1971).

Nicht so sehr die Inhalte, sondern die zu erwerbenden Fähigkeiten und Fertigkeiten, die im Anschluss an den Diskurs der Wirtschaftsdidaktik ‚Qualifikationen' genannt werden, rücken in das Zentrum der Aufmerksamkeit, wobei das traditionale Ideal von Bildung als umfassender, zweckfreier und subjektorientierter Prozess zusehends aus dem Blick gerät. Gleiches gilt auch für die kontinuierliche Diskussion über das Konzept der Schlüsselqualifikationen in den 1980er und 1990er Jahren. Schlüsselqualifikationen werden z.B. als wichtiges Bildungsziel in der politisch einflussreichen Expertise der Bildungskommission NRW herausgestellt und definiert als „erwerbbare allgemeine Fähigkeiten, Einstellungen und Strategien, die bei der Lösung von Problemen und beim Erwerb neuer Kompetenzen in möglichst vielen Inhaltsbereichen von Nutzen sind" (vgl. Bildungskommission NRW 1995). Die funktionalen Anforderungen dominieren hier eindeutig gegenüber fachlichen Inhaltsvorgaben in der Lehrplanentwicklung. Weitere Stationen dieses Trends sind die Entwicklung konstruktivistischer Konzepte selbstorganisierten Lernens vorwiegend in den 1990er Jahren und neuerdings Bildungsstandards, die in Form von Kompetenzbeschreibungen die gegenwärtige bildungspolitische und bildungswissenschaftliche Debatte bestimmen. Gemeinsam ist diesen Konzepten ein ‚bildungstheoretischer Pragmatismus', der allerdings auch im Verdacht eines ökonomischen Reduktionismus steht, weil sich die Schwerpunkte der Reflexion verlagert haben von der Bildung der Individualität und Persönlichkeit im Humboldtschen Sinne zugunsten ‚funktionaler Qualifikationsanforderungen' der modernisierten Lebens- und Arbeitswelt.

Wie im Vorigen nur angedeutet werden konnte, kann die Kompetenzorientierung der Bildungsstandards auf Vorläufer im pragmatischen, auf gegenwärtige und zukünftige Anforderungen bezogenen Bildungsverständnis zurückblicken. Die Kompetenzorientierung der Bildungsstandards bezieht sich jedoch nicht auf qualifikationstheoretische Ansätze, sondern knüpft konzeptionell an *Literacy-Konzepte* an, die in der Tradition des angloamerikanischen Pragmatismus stehen und in der empirischen Lehr-Lernforschung entwickelt werden. Diese den internationalen Schulvergleichsstudien zugrunde liegenden Konzepte basieren auf einem *,funktional-pragmatischen Bildungsverständnis'.* Der Begriff *Literacy* steht im angloamerikanischen Bildungsdiskurs für die Alltags- und Anwendungsorientierung grundlegender Kulturtechniken (Drieschner/Gaus 2007). Kompetenzen als übergreifende Ziele schulischen Lernens sollen demnach nach Maßgabe eines „funktionalistisch orientierten Grundbildungsverständnisses" operationalisiert werden, „für das die Anwendung – oder vorsichtiger: die Anschlussfähigkeit – erworbener Kompetenzen in authentischen Lebenssituationen den eigentlichen Prüfstein darstellt" (Deutsches PISA-Konsortium 2001, S. 17). Alltagspraktische Problemlösungskompetenz, d.h. die Verwertbarkeit von Wissen in multiplen Situationen, bildet das PISA zugrunde liegende Leitbild schulischen Lernens. Aufgabe der Schule ist die Vermittlung von „Basiskompetenzen", so heißt es in der PISA-Studie weiter, „die in modernen Gesellschaften für eine befriedigende Lebensführung in persönlicher und wirtschaftlicher Hinsicht sowie für eine aktive Teilhabe am gesellschaftlichen Leben notwendig sind" (ebd.). Gemeint ist damit „eine funktionale Sicht auf Kompetenzen als basale Kulturwerkzeuge" (ebd., S. 78). Auf dieser lehr-lerntheoretischen Grundlage haben die PISA-Autoren entschieden, „die Anwendbarkeit schulunterrichtlich erworbenen Wissens auf die Lösung konkreter Probleme zum ausschlaggebenden Kriterium für die Qualität von Schulleistungen zu wählen" (Heid 2005, S. 95).

Das hinter der PISA-Studie stehende angloamerikanische Literacy-Konzept erweist sich als hochgradig kompatibel mit der zentraleuropäischen Diskussion um den Begriff der ‚Kernkompetenz'. Dieser Zusammenhang ist für die Einführung von Bildungsstandards bedeutsam, insofern beide Diskurse – der bildungswissenschaftliche über Literacy und der didaktische über Kernkompetenzen – seit dem ‚PISA-Schock' zu Beginn des neuen Jahrtausends interagieren und gleichermaßen in die Erarbeitung von nationalen Kompetenzstandards eingeflossen sind. Als grundlegend gilt in der Literatur die Definition von Kompetenz durch den Pädagogischen Psychologen Franz-Emanuel Weinert. Kompetenzen versteht er als „die bei Individuen verfügbaren oder durch sie erlernbaren kognitiven Fähigkeiten und Fertigkeiten, um bestimmte Probleme zu lösen, sowie die damit verbundenen motivationalen, volitionalen und sozialen Bereitschaften, um die Problemlösungen in variablen Situationen erfolgreich und verantwortlich nutzen zu können" (Weinert 2001, S. 27f.).

Helmut Fend hebt an der Kompetenzdefinition den Zusammenhang von äußeren Anforderungen und inneren Ressourcen der Problembewältigung hervor: „Beides ist also erforderlich: die *Aufgabenformulierung* und die Zuordnung von *mentalen* und *psychischen Komponenten ihrer Bewältigung* [...] Die Kompetenzen bezeichnen die psychischen Abbildungen dieser inhaltlichen Anforderungen, die nicht nur der Inhaltslogik folgen, sondern auch den Gesetzmäßigkeiten des Aufbaus der psychischen Komponenten und ihrer psychischen Aneignungsprozesse" (Fend 2008, S. 59). Soll ein Kind zum Beispiel einen Text im Unterricht korrekt schreiben, bildet die orthographisch festgelegte Standardschreibung die *inhaltliche Anforderung* dieser Aufgabe. Aus der Kenntnis des Regelwerks der Schriftsprache folgt jedoch nicht linear die Fähigkeit, einen Text fehlerfrei zu schreiben. Zu den *mentalen und psychischen Voraussetzungen der Bewältigung* dieser Anforderung gehören u.a. die Fähigkeit, Rechtschreibstrategien wie Mitsprechen, Ableiten oder Einprägen zu nutzen, über Rechtschreibgefühl und Fehlersensibilität zu verfügen oder Rechtschreibhilfen wie z.B. das Wörterbuch oder die Rechtschreibprüfung von Schreibprogrammen verwenden zu können (vgl. z.B. Tophinke 2006).

Mit der Reflexion des Zusammenhangs von ‚inhaltlicher Anforderung' und ‚psychischen Komponenten der Anforderungsbewältigung' bezieht sich das Konstrukt der ‚Kompetenz' auf ein Schlüsselthema moderner Didaktik, das im Zentrum zahlreicher praktischer Unterrichtslehren wie auch lernpsychologischer Forschungen steht. Es beruht auf der grundlegenden Einsicht, dass Unterricht dann effektiver ist, wenn er nicht nur entlang der Stoffsystematik strukturiert ist, sondern die Aneignungsprozesse der Schülerinnen und Schüler berücksichtigt. Der Begriff der Kompetenz bringt diesen Zusammenhang pointiert zum Ausdruck. Die Analyse von Kompetenzen und ihrer Entwicklung kann vor diesem Hintergrund als eine praktische wie auch wissenschaftliche Kernaufgabe der Pädagogik verstanden werden.

Wie Gerhard Ziener am Weinertschen Kompetenzbegriff hervorhebt, sind die psychischen Komponenten der Anforderungsbewältigung durch das flexible Zusammenspiel von Kenntnissen, Fertigkeiten und Einstellungen gekennzeichnet. Schulische Bildungsprozesse entsprechen aus dieser Perspektive dann dem gewünschten Erfolg, wenn „die zu Bildenden anschließend 1. etwas mehr wissen, 2. mit diesem Wissen etwas anfangen und 3. sich dazu verhalten können" (Ziener 2006, S. 18). Der Kompetenzbegriff von Weinert umfasst somit einen Fähigkeits- und einen darauf verweisenden Einstellungsaspekt, d.h. die Motivation, die erworbenen Kenntnisse und Fähigkeiten zur Bewältigung von Anforderungen in verschiedenen Lebenszusammenhängen auch wirklich zu nutzen. Die faktische Bedeutsamkeit des Zusammenhangs von Fähigkeiten und Einstellungen wird in der PISA-Studie eindrücklich am Beispiel der Lesekompetenz belegt. Die Entwicklung der Lesefähigkeit korreliert signifikant mit einer positiven Einstellung, genauer der Bereitschaft und Motivation von Kindern und Jugendlichen zum Lesen (vgl. ebd., S. 21). Heranwachsenden, die im Vorschul- oder Grundschulalter keine Freude am empathischen Lesen erleben konnten, wird es später schwer fallen, die für ein vertieftes Leseverständnis nötige Sensibilität für die in literarischen Texten dargestellten Gedanken, Gefühle und Beziehungen zu entwickeln.

Insgesamt betrachtet stehen Bildungsstandards für eine geschärfte Perspektive auf den Kompetenzerwerb von Kindern und Jugendlichen. Durch diese Fokussierung des pädagogischen Blicks sind Lehrerinnen und Lehrer stärker als zuvor in die pädagogische Verantwortung genommen. Zur Vermittlung der erwarteten Kompetenzen müssen sie jedoch ihre bisherigen pädagogisch-didaktischen Leitideen, ihre Handlungsroutinen bei der Planung und Durchführung von Unterricht sowie ihren Umgang mit Schülerleistungen nicht völlig umstellen. Bildungspolitisch gefordert ist allerdings nicht mehr und auch nicht weniger als eine neue Akzentuierung und Reflexion der eigenen Arbeit, die den Lernenden explizit in den Fokus rückt. Ziener verweist auf den bekannten Pädagogen Hartmut von Hentig, einen modernen Klassiker seines Faches, der die mit Bildungsstandards verbundene curriculare Neuerung in Abgrenzung zu traditionellen Lehrplänen noch einmal auf den Punkt bringt:

„Lehrpläne geben an, was ‚gelehrt' werden soll. Ein Bildungsplan gibt an, was junge Menschen im weitesten Sinne des Wortes ‚lernen' sollen: Auf welche Anforderungen und Ziele hin sie sich am besten an welchen Erfahrungen formen und welche Mittel zur Gestaltung ihres Lebens, welche Übung in welchen Fähigkeiten dabei dienlich sind – Mittel und Fähigkeiten, die ihnen ermöglichen, als Person und Bürger in ihrer Zeit zu bestehen" (von Hentig 2006, S. 7).

3.2 Kompetenzbereiche und Anforderungsniveaus als Konstruktionsprinzipien der KMK-Bildungsstandards – dargestellt am Beispiel des Faches Deutsch in der Primarstufe

Wie in *Kapitel 2.2* erläutert, sollen Bildungsstandards die Ziele der schulischen Lernarbeit präzisieren. In der outputorientierten Steuerung des Bildungssystems setzen Standards daher verbindliche und normative Maßstäbe, „wann Bildungsprozesse gut oder weniger gut, erfolgreich oder nicht erfolgreich verlaufen" (Klieme 2005, S. 6). Diese Transparenz bezüglich der erwarteten Leistungen wie auch des Leistungsauftrages der Schule soll Lehrkräften, Eltern, Schülerinnen und Schülern und vor allem der Schulaufsicht zur Überprüfung dienen, ob die pädagogische Arbeit den an sie gestellten Ansprüchen genügt. Damit stellt sich die Frage, nach welchen fachlichen oder fachübergreifenden Kriterien Outputziele zu konzeptualisieren sind, damit sie diese Funktion erfüllen können.

In der Geschichte der Lehrplankonstruktion wird grundlegend zwischen fachlichen und überfachlichen Lernzielen unterschieden. Der kompetenzorientierte Ansatz knüpft hier an und trennt begrifflich zwischen breit transferier- und anwendbaren ‚Schlüsselkompetenzen' wie z.B. Personal-, Methoden- und Sozialkompetenzen, und ‚bereichsspezifischen', genauer ‚*domainenspezifischen Kompetenzen*' wie z.B. orthographischen Fähigkeiten. Unumstritten sind beide Zielperspektiven schulischen Lernens für das persönliche und berufliche Leben in der Wissensgesellschaft erforderlich. In Übereinstimmung mit der Expertise „Zur Entwicklung nationaler Bildungsstandards" setzen die KMK-Bildungsstandards den Schwerpunkt jedoch auf domainenspezifische Kompetenzen. Personal-, Sozial- und Methodenkompetenzen bilden keine eigenständigen Standards, sondern werden in die jeweiligen fachlichen Lernbereiche integriert, denn fachbezogene Kompetenzen stellen „eine notwendige Grundlage für fächerübergreifende Kompetenzen dar" (Klieme u.a. 2003, S. 62).

Domainenspezifische Kompetenzen weisen Gemeinsamkeiten und Unterschiede mit traditionalen fachlichen Lernzielen auf. Beide setzen den Fokus auf die Kernbereiche der Fächer oder Fächergruppen mit ihren grundlegenden Begriffsvorstellungen, Verfahren und Wissensbeständen. Im Unterschied zu bisherigen fachspezifischen Lernzielen in der Tradition der Curriculumstheorie der 1970er Jahre beziehen sich Bildungsstandards jedoch nicht primär auf die Bildungsprinzipien ,Wissenschaftsorientierung' und ,Kritik'. Das zugrunde gelegte Leitbild der ,Kompetenz' grenzt sich von einer wissenschaftlich-systematischen Ableitung fachlicher Lernziele ab. Wie in *Kapitel 3.1* erläutert, wird fachliches Wissen vielmehr als „Zusammenspiel von Kenntnissen, Fertigkeiten und Einstellungen" modelliert, das „zu sachverständigem Umgang mit kulturellen und technischen Gegenständen" befähigt (Uhle 2007, S. 42). Dieser sachverständige Umgang meint in erster Linie die Bearbeitung alltagsnaher Probleme und Anforderungen auf Basis fachlicher Kompetenzen. Der in der Theorie der ,Situierten Kognition' geprägte Ausdruck ,domänenspezifische Kompetenzen' betont in diesem Sinn die *kontextgebundene* und *situative Verankerung fachlichen Wissens*.

Die Bildungsstandards der Primarstufe sind auf grundlegende Fähigkeiten und Fertigkeiten in fachlichen Domänen bezogen. Im Fach Deutsch gehören dazu zentral das Lesen und Schreiben, die Fähigkeit zu situations- und funktionsangemessener mündlicher Kommunikation sowie eine elementare Bewusstheit von Sprache und Sprachgebrauch. Diese sprachlichen Handlungskompetenzen werden in der Bildungsforschung wie auch in der Fachdidaktik übereinstimmend als *aktive informationsverarbeitende Prozesse* verstanden. Der Gedanke der Informationsverarbeitung bestimmt vor allem das Verständnis von Lesen als *Reading Literacy*. Aus dieser Perspektive ist Lesekompetenz „ein basales Kulturwerkzeug, das erforderlich ist für die Bewältigung der charakteristischen Kommunikations- und Handlungsanforderungen, denen ein durchschnittlicher Gesellschaftsteilnehmer in seinem Alltag und Beruf begegnet" (Hurrelmann 2007, S. 21). Standards, welche die Informationsverarbeitung beim Lesen, die Ermittlung sowie den kompetenten Umgang mit Informationen in den Vordergrund stellen, orientieren sich an diesem Verständnis von Lesekompetenz. Diese pragmatische Sicht auf Lesekompetenz als Kulturwerkzeug wird in den Bildungsstandards verbunden mit dem traditionalen Gedanken von Subjektbildung im Medium von Lesekultur. Standards, die sich auf die persönlichkeitsbildende und rezeptionsästhetische Dimension des Lesens beziehen, stehen in dieser Tradition.

Unabhängig von der jeweiligen theoretischen und normativen Verortung der einzelnen Standards ist für die kompetenztheoretische Perspektive die Ausdifferenzierung von Kompetenzen in verschiedene *Fähigkeitsdimensionen* zentral. Die Unterscheidung dieser Dimensionen präzisiert Maßnahmen zur Leistungsdiagnostik und ermöglicht die Umsetzung von Kompetenzen in Unterrichts- und Testaufgaben (vgl. Abraham u.a. 2007, S. 7). Die KMK-Bildungsstandards sind daher differenziert in verschiedene Kompetenzbereiche und ihnen zugeordnete Teilfähigkeiten. So werden für das Fach Deutsch in der Primarstufe die Kompetenzbereiche *„Sprechen und Zuhören"*, *„Schreiben"*, *„Lesen – mit Texten und Medien umgehen"* sowie *„Sprache und Sprachgebrauch untersuchen"* aufgeführt.

Diese Kompetenzbereiche umfassen verschiedene Teilkompetenzen, die durch Leistungsbeschreibungen konkretisiert werden (vgl. Granzer u.a. 2008, S. 12). Wie Tabelle 1 beispielhaft zeigt, kommen die KMK-Standards im Bereich *„Lesen – mit Texten und Medien umgehen"* zu folgender Zuordnung von Teilkompetenzen und Leistungsbeschreibungen:

Teilkompetenzen	Leistungsbeschreibungen
über Lesefähigkeiten verfügen	altersgemäße Texte sinnverstehend lesen
	lebendige Vorstellungen beim Lesen und Hören literarischer Texte entwickeln
über Leseerfahrungen verfügen	verschiedene Sorten von Sach- und Gebrauchstexten kennen
	Erzähltexte, lyrische und szenische Texte kennen und unterscheiden
	Kinderliteratur kennen: Werke, Autoren und Autorinnen, Figuren, Handlungen
	Texte begründet auswählen
	sich in einer Bücherei orientieren
	Angebote in Zeitungen und Zeitschriften, in Hörfunk und Fernsehen, auf Ton- und Bildträgern sowie im Netz kennen, nutzen und begründet auswählen
	Informationen in Druck- und – wenn vorhanden – in elektronischen Medien suchen
	die eigene Leseerfahrung beschreiben und einschätzen
Texte erschließen	Verfahren zur ersten Orientierung über einen Text nutzen
	gezielt einzelne Informationen suchen
	Texte genau lesen
	bei Verständnisschwierigkeiten Verstehenshilfen anwenden: nachfragen, Wörter nachschlagen, Texte zerlegen
	Texte mit eigenen Worten wiedergeben
	zentrale Aussagen eines Textes erfassen und wiedergeben
	Aussagen mit Textstellen belegen

	eigene Gedanken zu Texten entwickeln, zu Texten Stellung nehmen und mit anderen über Texte sprechen
	bei der Beschäftigung mit literarischen Texten Sensibilität und Verständnis für Gedanken und Gefühle und zwischenmenschliche Beziehungen zeigen
	Unterschiede und Gemeinsamkeiten von Texten finden
	handelnd mit Texten umgehen, z.B. illustrieren, inszenieren, umgestalten, collagieren
Texte präsentieren	selbst gewählte Texte zum Vorlesen vorbereiten und sinngestaltend vorlesen
	Geschichten, Gedichte und Dialoge vortragen, auch auswendig
	ein Kinderbuch selbst auswählen und vorstellen
	verschiedene Medien für Präsentationen nutzen
	bei Lesungen und Aufführungen mitwirken

Tabelle 1: Zuordnung von Teilkompetenzen und Leistungsbeschreibungen im Kompetenzbereich „Lesen – mit literarischen Texten umgehen" der KMK-Bildungsstandards im Fach Deutsch (Primarstufe)

Mit unmittelbarer Evidenz ist im Kompetenzbereich *„Lesen – mit Texten und Medien umgehen"* der KMK-Bildungsstandards die Entwicklung des Sinnverstehens bei lebendiger Vorstellungsbildung das wichtigste Ziel des Leseunterrichts. Die Teilkompetenz „über Leseerfahrungen verfügen" umfasst darüber hinaus Standards zum Umgang mit verschiedenen Textformen und zur alltäglichen Orientierung in der durch die Schriftsprache geprägten Welt. Die Kategorie „Texte erschließen" repräsentiert mit 11 Standards den größten Kompetenzbereich. Hier stehen grundlegende Lesetechniken und -strategien im Vordergrund, ebenso wie persönliche Bezüge zum Text, empathisches Lesen und der handelnde und produktionsorientierte Umgang mit Literatur. Der Bereich „Texte präsentieren" trägt der Auffassung Rechnung, dass das Beherrschen von Präsentationsformen und -techniken in der ‚Informationsgesellschaft' zunehmend an Bedeutung gewinnt. Die KMK-Standards fassen unter diesen Kompetenzbereich sowohl traditionelle grundschulpädagogische Präsentationsformen wie das sinngestaltende Vorlesen bzw. Vortragen von Texten als auch die Nutzung neuer Präsentationsmedien (vgl. Spinner 2006). Leseerfahrungen wie die Fähigkeit zur Texterschließung beziehen sich gleichermaßen auf Sach- und literarische Texte. In Übereinstimmung mit der grundschulpädagogischen Lese- und Literaturdidaktik wird literarisches Lernen in einem engen Zusammenhang mit der Entwicklung von Lesekompetenz gesehen. Eine Reihe von Standards wie u.a. „lebendige Vorstellungen beim Lesen und Hören literarischer Texte entwickeln" oder „handelnd mit Texten umgehen" knüpfen nahtlos an Prinzipien des handlungs- und produktionsorientierten Ansatzes des Literaturdidaktik an, jedoch mit dem Unterschied der neuen Verbindlichkeit der Erwartungen an den Ertrag der Lernprozesse (vgl. Büker 2006, S. 28).

Ebenso werden für den Bereich *„Schreiben"*, um noch ein zweites Beispiel zu geben, verschiedene Teilkompetenzen benannt:

Teilkompetenzen	Leistungsbeschreibungen
über Schreibfähigkeiten verfügen	eine gut lesbare Handschrift flüssig schreiben
	Texte zweckmäßig und übersichtlich gestalten
	den PC – wenn vorhanden – zum Schreiben verwenden und für Textgestaltung verwenden
richtig schreiben	geübte, rechtschreibwichtige Wörter normgerecht schreiben
	Rechtschreibstrategien verwenden: Mitsprechen, Ableiten, Einprägen
	Zeichensetzung beachten: Punkt, Fragezeichen, Ausrufezeichen, Zeichen bei wörtlicher Rede

	über Fehlersensibilität und Rechtschreibgespür verfügen
	Rechtschreibhilfen verwenden (Wörterbuch nutzen, Rechtschreibhilfen des Computers kritisch nutzen)
	Arbeitshilfen nutzen (methodisch sinnvoll abschreiben, Übungsformen selbstständig nutzen, Texte auf orthographische Richtigkeit überprüfen und korrigieren)
Texte planen	Schreibabsicht, Schreibsituation, Adressaten und Verwendungszusammenhang klären
	sprachliche und gestalterische Mittel und Ideen sammeln: Wörter und Wortfelder, Formulierungen und Textmodelle
Texte schreiben	verständlich, strukturiert, adressaten- und funktionsgerecht schreiben: Erlebtes und Erfundenes, Gedanken und Gefühle, Bitten, Wünsche, Aufforderungen und Vereinbarungen, Erfahrungen und Sachverhalte
	Lernergebnisse geordnet festhalten und auch für eine Veröffentlichung verwenden
	nach Anregungen (Texte, Bilder, Musik) eigene Texte schreiben
Texte überarbeiten	Texte an der Schreibaufgabe überprüfen
	Texte auf Verständlichkeit und Wirkung überprüfen
	Texte in Bezug auf die äußere und sprachliche Gestaltung und auf die sprachliche Richtigkeit hin optimieren
	Texte für die Veröffentlichung aufbereiten und dabei auch die Schrift gestalten

Tabelle 2: Zuordnung von Teilkompetenzen und Leistungsbeschreibungen im Kompetenzbereich „Schreiben" der KMK-Bildungsstandards im Fach Deutsch (Primarstufe)

Schreibkompetenz im Verständnis der KMK-Bildungsstandards bezieht sich einerseits auf die gestalterischen und orthographischen Teilkompetenzen „über Schreibfähigkeiten verfügen" und „richtig schreiben". Sie konstituiert sich sowohl durch eine angemessene Schrift und Form als auch durch die korrekte Schreibung des Grundschulwortschatzes, indem gelernte Wörter reproduziert und Rechtschreibstrategien angewandt werden. Andererseits bezieht sich Schreibkompetenz auf das Verfassen eigener Texte, das die Teilkompetenzen „Texte planen", „Texte schreiben" und „Texte überarbeiten" erfordert. Der Teilkompetenz „Texte planen" werden Leistungsbeschreibungen zugeordnet, die sich auf die kommunikativen und situativen Bedingungen und Voraussetzungen des Schreibens beziehen. So nimmt der Schreibprozess seinen Ausgang in der Klärung der Schreibabsicht (Ideengenerierung) und der „Sammlung sprachlicher und gestalterischer Mittel und Ideen". Die Teilkompetenz „Texte schreiben" umfasst die Leistungsbeschreibungen „verständlich, strukturiert, adressaten- und funktionsgerecht schreiben", „Lernergebnisse geordnet festhalten und auch für eine Veröffentlichung verwenden" und „nach Anregungen (Texte, Bilder, Musik) eigene Texte schreiben." Diese Standards zielen auf die Beherrschung grundlegender Schreibkonventionen, das Wissen um und die Nutzung der Funktionen des Schreibens (persönliches Aufschreiben, für andere schreiben) und die Selbstständigkeit des Schreibprozesses. Das Überarbeiten als letztgenannte Teilkompetenz umfasst schließlich die Optimierung von Texten im Hinblick auf ihre sprachliche Verständlichkeit, Wirkung, Gestaltung, Richtigkeit und Form sowie die Einlösung der Schreibaufgabe.

Bekanntlich ist der Erwerb von Kompetenzen ein individueller, langfristiger, kumulativer und vernetzter Prozess. Aus diesem Grund geben die Bildungsstandards der Primarstufe an, über welche Kompetenzen Kinder am Ende des vierten Schuljahres verfügen sollen. Die Standards selbst geben keine direkte Auskunft über die Genese und Stufung des Kompetenzerwerbs. Durch die Auffächerung von Konstrukten wie Lese- und Schreibkompetenz in verschiedene Kompetenzbereiche und ihnen zugeordnete Leistungen bieten sie allerdings eine didaktisch aufschlussreiche

Vorstellung über die Prozesshaftigkeit des Kompetenzerwerbs: Das Schreiben- und Lesenlernen erfolgt aus dieser Perspektive einerseits als *gezielte Entwicklung und Ausdifferenzierung einzelner Teilkompetenzen.* So kann etwa die Klärung des Adressatenbezuges beim Planen eines Textes zu einer zunehmenden Differenzierung durch funktionales Textsortenwissen z.B. über Briefe, Berichte, Rezepte oder Kurzgeschichten gelangen. Da Kompetenzen in komplexen Anforderungen wie beim Verfassen oder Lesen eines Textes miteinander verbunden werden müssen, lässt sich das Schreiben- und Lesenlernen andererseits als immer *komplexer werdendes Ineinandergreifen aufeinander bezogener Teilkompetenzen* verstehen, das nicht linear, sondern *iterativ, interaktiv und rekursiv* erfolgt (vgl. Abraham u.a. 2007, S. 11). Ein darauf bezogener Unterricht sucht dieser Prozessualität durch die isolierte wie auch integrative Förderung von Teilkompetenzen didaktisch zu begegnen (vgl. Tesch u.a. 2008, S. 90). Die sinnvolle Verknüpfung und kumulativ-vernetzte Entwicklung von Kompetenzen in multiplen Kontexten entspricht dem Ansatz des *Integrativen Deutschunterrichts,* der im Zusammenhang mit Bildungsstandards wieder an Aktualität gewinnt. Das Leitbild des Integrativen Deutschunterrichts, für den u.a. das Niedersächsische Kerncurriculum für die Primarstufe steht, ist die Schaffung einer „anregenden Lese-, Schreib- und Gesprächskultur", mit schüler-, prozess- und ergebnisorientierter Ausrichtung. Grundlegend geht es darum, die „sprachliche Handlungsfähigkeit" der Schülerinnen und Schüler zu entwickeln durch „produktive, rezeptive, analytische und zunehmend reflektierte Auseinandersetzung mit Sprache und Sprachgebrauch" (Niedersächsisches Kultusministerium 2006, S. 7).

Die kompetenzorientierte Perspektive eröffnet nach Abraham u.a. die Chance, „in konkreten Aufgaben formulierte Anforderungen besser einzuschätzen und damit einen differenzierten Blick auf die zu entwickelnde Kompetenz der Lernenden zu erhalten" (vgl. Abraham u.a. 2007, S. 14). Das gilt nicht nur für das Zusammenspiel von Teilkompetenzen in Aufgabenzusammenhängen, sondern auch für die *Schwierigkeitsgrade* von Aufgaben. Für Lehrkräfte werden in den Bildungsstandards kommentierte Aufgabenbeispiele als Orientierungsrahmen zur Verfügung gestellt. Diese geben allgemeine Hinweise auf die Anforderungen an die Kompetenzleistung, die z.B. von Kindern am Ende der Jahrgangsstufe 4 verlangt werden sollen. Bei diesen Beispielaufgaben findet sich die recht grobe Unterscheidung der drei *Anforderungsbereiche* „Wiedergeben" (AB I), „Zusammenhänge herstellen" (AB II) und „Reflektieren und Beurteilen" (AB III):

Anforderungs-bereich I	**„Wiedergeben"** In diesem Anforderungsbereich geben die Schülerinnen und Schüler bekannte Informationen wieder und wenden grundlegende Verfahren und Routinen an.
Anforderungs-bereich II	**„Zusammenhänge herstellen"** In diesem Anforderungsbereich bearbeiten die Schülerinnen und Schüler vertraute Sachverhalte, indem sie erworbenes Wissen und bekannte Methoden anwenden und miteinander verknüpfen.
Anforderungs-bereich III	**„Reflektieren und Beurteilen"** In diesem Anforderungsbereich bearbeiten die Schülerinnen und Schüler für sie neue Problemstellungen, die eigenständige Beurteilungen und eigene Lösungsansätze erfordern.

Tabelle 3: Anforderungen an die Kompetenzleistung in den Bildungsstandards im Fach Deutsch (Primarstufe)

Die Unterscheidung der Anforderungsbereiche erfüllt ihre didaktische und diagnostische Funktion jedoch nur bedingt. Wie vielfach kritisiert wurde, ist das Anspruchsniveau dieser drei Anforderungsbereiche ungenau, d.h. es fällt je nach Aufgabe unterschiedlich aus. So wird in den Bildungsstandards auch eingeräumt, dass „über die Qualität und Komplexität [...] der Anforderungsbereiche" keine wissenschaftlich präzisen Aussagen getroffen werden, sondern die Beurteilung der „beruflichen Erfahrung von Lehrkräften" überlassen bleibt (KMK 2005, S. 17). Damit ist eine genaue Beschreibung von Schwierigkeitsgraden bei fachlichen Aufgaben noch nicht hinreichend gesichert. Dieses Defizit resultiert vor allem aus einem Mangel an theoretisch fundierten und empirisch abgesicherten Kompetenzstufenmodellen. Ihre Entwicklung ist deshalb zur didaktischen Strukturierung von Lernprozessen wie auch zur Präzisierung von Lernstandsbestimmungen von großer Bedeutung. Dieser Aufgabe widmen sich derzeit die empirische Bildungsforschung und die Fachdidaktiken mit großer Anstrengung (vgl. z.B. Bremerich-Vos 2008). Kompetenzmodelle sollen die Standards weiter präzisieren, indem sie das prozess- und entwicklungsbezogene Zusammenspiel von Teilkompetenzen in Lernprozessen nachbilden und zwischen verschiedenen Kompetenzstufen unterscheiden.

3.3 Fachdidaktische und bildungswissenschaftliche Anforderungen an die Weiterentwicklung der KMK-Bildungsstandards

Übereinstimmend wird in der pädagogischen Fachdiskussion die Notwendigkeit hervorgehoben, die KMK-Bildungsstandards auf Basis theoretisch fundierter, empirisch abgesicherter und praktisch erprobter Kompetenzmodelle zu präzisieren. Die im vorigen Kapitel skizzierten Kompetenzmodelle der KMK erfüllen diesen in der „Expertise zur Entwicklung nationaler Bildungsstandards" formulierten Anspruch in weiten Teilen nicht. Dieses Defizit resultiert vermutlich aus der Schnelligkeit, mit der die amtlichen Standards erarbeitet und eingeführt wurden, weshalb sie auch als ‚politischer Schnellschuss' kritisiert worden sind. Wie internationale Erfahrungen zeigen, ist die standardbasierte Umstellung eines Bildungssystems von Input- auf Outputsteuerung komplex, erfordert daher Zeit und eine angemessene Koordination von wissenschaftlicher Expertise, praktischer Erfahrung und bildungspolitischer Steuerung. Bildungsexperten warnen deswegen vor einer überhöhten Geschwindigkeit bei der Konzeptualisierung von Bildungsstandards. Als Kernstück der Outputorientierung hängt der Erfolg der Bildungsreform maßgeblich von der Qualität ihrer Konzeption ab (vgl. Böttcher 2006, S. 695). Vor diesem Hintergrund formierte sich eine breite öffentliche, wissenschaftliche und professionspolitische Kritik an der Konzeption der eingeführten Bildungsstandards. So verweist etwa Annemarie von der Groeben auf eine „unzureichende Koordination von wissenschaftlicher Erkenntnis und bildungspolitischer Steuerung", deren Folgen die Schulpraxis zu tragen habe (vgl. Groeben 2008, S. 28). Analog bescheinigt Clemens Kammler dem „Gesamtgefüge der Bildungsstandards" den „Charakter einer Baustelle (vgl. Kammler 2007, S. 21). Inhaltlich richten sich die wissenschaftlichen Vorbehalte vor allem auf (1) die derzeitige Konzeptualisierung der Bildungsstandards als Regelstandards, (2) ihre z.T. unpräzise Formulierung und inhaltliche Überfrachtung sowie (3) die fehlende Abstufung durch unterschiedliche Niveaus der Kompetenzbeherrschung. Grundlinien der geäußerten Kritik und in diesem Zusammenhang erhobene Anforderungen an die Weiterentwicklung der Standards seien im Folgenden skizziert. Der primäre Adressat dieser Forderungen ist das Berliner ‚Institut zur Qualitätsentwicklung im Bildungssystem' (IQB), dem die Aufgabe der Weiterentwicklung und Überprüfung der Bildungsstandards zukommt.

(1) Mit Bezug auf die Empfehlung der Expertengruppe um Eckhard Klieme, Bildungsstandards als Mindeststandards zu definieren, wird von Seiten der Schulentwicklungsforschung und der Schulpraxis die Konzeptualisierung der KMK-Standards als Regelstandards in Frage gestellt. Regelstandards geben die erwünschten Durchschnittskompetenzen von Kindern und Jugendlichen an. Die in vielfacher Hinsicht überlegenen Mindeststandards definieren hingegen die Leistung, die im Hinblick auf den Schulerfolg und das außerschulische und berufliche Weiterlernen nicht unterschritten werden darf. Anders als Regelstandards dienen sie somit der verbindlichen Sicherung der Grundbildung. Die Entwicklung von Mindeststandards und darauf aufbauender Niveaustufungen erfordert jedoch einen ungleich höheren Aufwand. Während Regelstandards vor dem Hintergrund der Einschätzungen von Schulpraktikern ein mittleres Anspruchsniveau definieren, setzen Mindeststandards empirisch-experimentell erhobene Informationen voraus, um „die tat-

sächliche Verteilung der jeweils interessierenden Kompetenz bei den deutschen Schülern einer Altersgruppe zu berücksichtigen", damit auf diese Weise folgenschwere Über- oder Unterforderungen im Unterricht vermieden werden können (Artelt/Riecke-Baulecke 2004, S. 21). Vermutlich in Anbetracht des selbst gesetzten Druckes, schnell auf die durch PISA in das öffentliche Bewusstsein gerückten Leistungsdefizite deutscher Schülerinnen und Schüler mit der Einführung eines neues bildungspolitischen Steuerungsinstruments reagieren zu können, hat die Kultusministerkonferenz mit den Regelstandards der einfacheren Variante von Standards den Vorzug gegeben. Im Effekt fällt die Implementierung von Regelstandards jedoch hinter die mit ihnen verbundenen ambitionierten Reformziele zurück. Für Wolfgang Böttcher ist das übergreifende Ziel der Bildungsreform, die Gesamtleistungen aller, insbesondere der benachteiligten Kinder und Jugendlichen, anzuheben, einem übereilten politischen Aktionismus zum Opfer gefallen. Konträr zu ihrer Intention sieht er in Regelstandards primär ein zusätzliches selektions- und weniger ein geeignetes förderdiagnostisches Instrument. Durch ihre Orientierung an einem Durchschnittsniveau spiegeln sie die bekannte und weit verbreitete „'Glockenkurvenmentalität', eine als natürlich angenommene Leistungsverteilung, die mehr oder weniger große Anteile der besten und der schlechtesten Schüler/innen rechts und links von einem fiktiven Leistungsdurchschnitt sieht." Die Entwicklung einer nachhaltigen Förderorientierung im deutschen Schulsystem ist so blockiert, denn Regelstandards „erlauben das Scheitern an ihnen und erheben so Selektion zu ihrem Leitprinzip" (Böttcher 2006, S. 695f.). Entsprechend vertreten auch Dietlinde Heckt und Eiko Jürgen die Position, dass es nur durch die Festlegung einheitlicher Mindeststandards, darüber liegender Kompetenzstufen sowie darauf abgestimmter schulpraktischer Differenzierungs- und Förderkonzepte möglich sein wird, Schulen auf die Sicherung elementarer und zum Schulerfolg führender Bildung zu verpflichten, wodurch die Erfolgschancen insbesondere von Schülerinnen und Schülern mit einem bildungsfernen familiären Hintergrund verbessert werden können. Die bisherigen Regelstandards erscheinen insofern nicht geeignet, die didaktische Kultur des Förderns und Forderns weiterzuentwickeln und werden von Lehrkräften vermutlich eher als neue Selektions-, denn als Förderinstrumente wahrgenommen (vgl. Heckt/Jürgens 2005, S. 48f.). Über die Ebene des Unterrichts hinaus wurde zudem aus Sicht der Einzelschulen kritisiert, dass die „Messung des Outputs an Regelstandards insbesondere diejenigen Schulen unter Druck setzt, deren Schülerschaft sich hauptsächlich aus leistungsschwachen und sozial benachteiligten Kindern und Jugendlichen zusammensetzt. Das ist problematisch, weil diese Schulen trotz engagierter und professioneller pädagogischer Arbeit im Evaluationsranking wahrscheinlich unterdurchschnittlich abschneiden. Der Vergleich mit Regelstandards ist insofern kein geeigneter Indikator für die Qualität von Schule und Unterricht" (Drieschner 2008, S. 559).

(2) Ein zweiter Kritikstrang, der aus fachdidaktischer und testpsychologischer Sicht entfaltet wird, bezieht sich auf die z.t. unpräzisen Leistungsbeschreibungen der KMK-Bildungsstandards, die einen großen Interpretationsspielraum offen lassen. Dieses Problem kann am Beispiel der Kompetenz *„lebendige Vorstellungen beim Lesen und Hören literarischer Texte entwickeln"* verdeutlicht werden. Zwar kann jeder Lehrende, der diesen Standard in konkrete Unterrichtsschritte und Aufgabenformate überführt, eine Vorstellung davon entwickeln, welche Anforderungen mit dieser Kompetenz verbunden sein könnten. Diese Vorstellungen haben jedoch einen subjektiven Anteil, hängen vom Ausmaß fachdidaktischer und bildungswissenschaftlicher Kenntnisse ab und können von persönlichen Interessen und Vorlieben der Lehrkraft geleitet sein. Was „lebendige Vorstellungen" sind, in welcher Beziehung sie zum spezifischen Inhalt und Ausdruck eines Textes stehen, wann sie als kreative und imaginäre Leistungen und unter welchen Bedingungen sie eher als unpassende Assoziationen oder Phantasien einzuschätzen sind, bleibt für Lehrkräfte, Kinder und Eltern unklar und macht eine didaktische Auslegung der Kompetenz erforderlich *(vgl. Kapitel 4.1)*. Die Unklarheit von Kompetenzbeschreibungen wird vor allem aus testpsychologischer Sicht zum Problem, insofern sie sich nicht in psychometrische Aufgaben überführen und über Vergleichsarbeiten messen lassen (vgl. Granzer u.a. 2008, S. 14). Aus didaktischer Perspektive ist diese testpsychologische

Kritik jedoch zu relativieren. Zwar ist Klarheit zweifelsohne ein wesentliches Gütemerkmal für Standards sowohl in Test- als auch in Unterrichtszusammenhängen, damit sie ihre Orientierungsfunktion erfüllen und zu einem qualitativ gleichwertigen Unterrichtsangebot mit einheitlichen und überprüfbaren Leistungserwartungen beitragen können. Mit der Forderung einer eineindeutigen Operationalisierbarkeit von Standards für Testzwecke würde das Bildungswesen jedoch Gefahr laufen, nicht trennscharf bestimmbare Fähigkeiten in kreativen, ästhetischen oder künstlerischen Domänen aus den Standards auszuklammern und dadurch insgesamt gesellschaftlich abzuwerten. In künftigen Überarbeitungen der Standards wird es aus diesem Grund darauf ankommen, einen Ausgleich zwischen didaktischen und psychometrischen Ansprüchen herzustellen, um eine weitestgehende inhaltliche und fachliche Klarheit über die verbindlich erwarteten Leistungsanforderungen der einzelnen Standards zu ermöglichen.

(3) Die Kritik an der nicht hinreichenden Präzision und Einheitlichkeit trifft nicht nur einzelne Kompetenzbeschreibungen, sondern auch die den Standards und Aufgabenbeispielen zugrunde gelegten Anforderungsbereiche *„Wiedergeben"* (AB I), *„Zusammenhänge herstellen"* (AB II) und *„Reflektieren und Beurteilen"* (AB III), deren Anspruchsniveau relativ ungenau ist und je nach Aufgabe unterschiedlich ausfällt. Deshalb bezeichnen Horst Bartnitzky und Hans Brügelmann in einer Stellungnahme des Grundschullehrerverbandes die ausgewiesenen Anforderungsbereiche als „schwächstes Glied" des Konzepts. Sie problematisieren den stark vereinfachenden und trivialisierenden Blick auf schulische Leistungen, die sich in den seltensten Fällen trennscharf den Anforderungsbereichen zuordnen lassen. Vielmehr ist von einer Überlappung der Bereiche in längerfristigen unterrichtlichen Aktivitäten und Problemlöseprozessen auszugehen. Aus der rein formalen Bestimmung der Anforderungsbereiche resultiert für Bartnitzky und Brügelmann zudem das Problem, dass z.B. das „Wiedergeben" in Bezug auf einen komplexen Inhalt eine weitaus anspruchsvollere geistige Tätigkeit ist als das „Reflektieren und Beurteilen" eines einfachen Inhalts. Der Zuordnung von Lern- und Testaufgaben zu verschiedenen Anspruchsniveaus fehlt es – so die

berechtigte Kritik – häufig an Plausibilität (vgl. Bartnitzky/Brügelmann 2004). In Anbetracht dieser Problemlage bezeichnet Anton Hauler die Unterscheidung von Anforderungsbereichen als sparsamen und unbefriedigenden Ersatz für Kompetenzstufenmodelle (vgl. Hauler 2006, S. 13). Kompetenzstufenmodelle, die nach Empfehlung der ‚Klieme-Expertise‘ das Fundament guter Bildungsstandards darstellen, umfassen eine theoretisch fundierte und empirisch abgesicherte Skalierung von Kompetenzen in Niveaustufen. Kompetenzstufenmodelle sind keine lerntheoretischen Konstrukte, sondern pragmatische Hilfsmittel für Test- und Unterrichtszwecke, die zur Bestimmung und Einordnung von Unterschieden der im Unterricht erreichten Lernstände dienen und Möglichkeiten zur Differenzierung des Lernangebotes im Sinne individueller Förderung und Forderung eröffnen sollen. Die Genauigkeit der Lernstandsbestimmung hängt von der Strukturierung des zugrunde gelegten Modells ab. Im Unterschied zu den KMK-Standards weisen die kognitionsbasierten Kompetenzmodelle der internationalen Schulvergleichsstudien PISA, PIRLS/IGLU oder DESI solche Stufungen von Kompetenzen aus. Es liegt nahe, dass sich die konzeptuelle Weiterentwicklung zumindest der kognitiv ausgerichteten Bildungsstandards an diesen Modellen orientiert und so zu einer sinnvollen Graduierung von Kompetenzen kommt.

4 Zur praktischen Umsetzung von Bildungsstandards im kompetenzorientierten Unterricht

Bisher wurde deutlich, dass mit den Beschlüssen der Kultusministerkonferenz zur Einführung und Überprüfung von Bildungsstandards verbindliche normative Erwartungen an die Könnensleistungen gestellt werden, die Kinder und Jugendliche in ihrer Schulkarriere erreichen sollen. Damit die Lernergebnisse den Output-Erwartungen entsprechen, werden Schulen und Lehrkräfte auf die unterrichtliche Arbeit mit Bildungsstandards verpflichtet. Dadurch ist ein neues und komplexes Aufgabenfeld der Schul- und Unterrichtsentwicklung entstanden, das erst in Ansätzen didaktisch und institutionell-organisatorisch erschlossen ist. An das professionell-pädagogische Handeln von Lehrpersonen wird insgesamt die Aufgabe gestellt, „Unterricht so zu planen und durchzuführen, selbst zu überprüfen und mit Kollegen und Kolleginnen zu beraten, dass diejenigen Fähigkeiten und Fertigkeiten von Schülerinnen und Schülern erworben werden, die in so genannten Bildungsplänen als Standards ausgewiesen werden" (Uhle 2007, S. 45). Im Zusammenhang mit der Stärkung der Selbstständigkeit der Einzelschulen sollen die Kollegien vor Ort das Lernangebot so an die Voraussetzungen der Schülerschaft adaptieren, dass die Bildungsstandards erreicht werden können. Wie in der Literatur u.a. von Klieme u.a. (2003) und Ziener (2006) übereinstimmend betont wird, beinhaltet kompetenzorientierter Unterricht nach Bildungsstandards keine generell neuen methodisch-didaktischen Grundgedanken. Das Neue besteht vielmehr darin, dass mit der praktischen Umsetzung von Bildungsstandards der pädagogische Blick konsequent auf das Lernen der Schülerinnen und Schüler in zentralen Kompetenzbereichen gelenkt wird. Mit dieser Veränderung des Blickwinkels sind Lehrerinnen und Lehrer stärker als zuvor in die pädagogische Verantwortung genommen. Zur Vermittlung der erwarteten Kompetenzen müssen sie jedoch ihre bisherigen pädagogisch-didaktischen Leitideen, ihre Handlungsroutinen bei der Planung und Durchführung von Unterricht sowie ihren Umgang mit Schülerleistungen nicht völlig umstellen. Bildungspolitisch gefordert ist allerdings nicht mehr und auch nicht weniger als eine neue Akzentuierung und Reflexion der pädagogischen Arbeit, die den Lernenden explizit in den Fokus rückt.

Orientierung finden die Kolleginnen und Kollegen bei der praktischen Implementation von Bildungsstandards in den bislang entwickelten didaktischen Grundsätzen und Handlungskonzepten zur Umsetzung von Bildungsstandards, die im Folgenden mit dem Sammelbegriff ‚Kompetenzorientierter Unterricht‘ bezeichnet werden sollen. Kompetenzorientierte Unterrichtsmodelle stehen in der Traditionslinie des *curricularen* bzw. *lernzielorientierten* Ansatzes in der Didaktik, da sie auf den Bildungsstandards als curricularem Dokument aufbauen. Sie sind allerdings noch weit von einer vollständigen, systematischen und wissenschaftlich fundierten Didaktik entfernt. Vielmehr können sie als ein Sammelsurium verschiedener praktisch erprobter und zum Teil empirisch evaluierter Planungs-, Gestaltungs- und Reflexionsmodelle beschrieben werden, die Lehrkräfte auf ihre jeweiligen klassenspezifischen Voraussetzungen beziehen müssen. In den folgenden Kapiteln werden solche Konzepte entlang zentraler strukturierender Unterrichtsmerkmale vorgestellt. Mit Blick auf die Zielperspektiven des Unterrichts sind dies zunächst Verfahren der deduktiven Ableitung von Lernzielen aus Bildungsstandards *(Kapitel 4.1)*, die dann weitergeführt werden durch Ansätze zur Abstufung unterrichtlicher Kompetenzziele *(Kapitel 4.2)*. Mit der Inhaltserschließung *(Kapitel 4.3)* und der Entwicklung methodischer Zugänge *(Kapitel 4.4)* werden schließlich weitere zentrale Parameter des Unterrichts aus der Perspektive kompetenzorientierter Konzepte neu erschlossen. Die Vorteile der kompetenzorientierten unterrichtlichen Interaktion werden dabei in der Transparenz der Intentionen, der Zielbezogenheit der Methoden und der zweckrationalen Nutzung der Lernzeit gesehen, um eine hohe Effektivität des schulischen Lernens zu erreichen.

4.1 Zielperspektiven erschließen: Zur Deduktion von Lernzielen aus Bildungsstandards

Die Ableitung von Lernzielen aus Bildungsstandards ist das Kerncharakteristikum des Kompetenzorientierten Unterrichts als curricularem didaktischem Ansatz. Mit dieser lernzielorientierten Perspektive wird die Hauptaufgabe des Unterrichts in den Blick gerückt, die in der Unterrichtstheorie übereinstimmend in der absichtlichen und planmäßigen Gestaltung des Lernens gesehen wird. Wolfgang Klafki z.B. bestimmt Unterricht in diesem Sinne als „eine bestimmte institutionalisierte Form, in der der Zusammenhang von Lehren und Lernen gestaltet wird" (Klafki 1997, S. 789). In der Gesamtmenge aller Lernprozesse ist schulisches Lernen somit ein institutionell abgegrenzter Sonderfall, der gegenüber inzidentellem Lernen durch ein *systematisches Vorgehen* gekennzeichnet ist und auf *intentionalem Lehren* basiert. Dieses verfolgt vor dem Hintergrund ethischer, humaner und demokratischer Prinzipien u.a. fachliche, methodische, soziale und kommunikative Zielsetzungen. Staatliche Bildungspläne bilden das Fundament dieser zielgerichteten und zweckbestimmten Gestaltung des Lehrens und Lernens. Sie stellen sicher, dass Kinder und Jugendliche bundesweit vergleichbare Bildungsangebote erhalten, um Kenntnisse, Fähigkeiten und Einstellungen zu erwerben, die als Voraussetzung für das gesellschaftliche Leben und die kulturelle Teilhabe in Gegenwart und Zukunft erachtet werden.

Doch weder die Angabe von Kompetenzen in Bildungsstandards noch die Zuordnung von Inhalten in schuleigenen Stoffverteilungsplänen sind hinreichend, um einzelne Lehr-Lernprozesse intentional und zielorientiert zu gestalten. So sind Bildungsstandards als Kompetenzziele übergreifenden und langfristigen Lernens formuliert und damit für die Gestaltung einzelner Unterrichtsstunden oder Lernsequenzen zu komplex. Auch die Angabe von Inhalten bildet keine Zielperspektive effektiven Unterrichts, da an einem Lerngegenstand zahlreiche didaktische Ziele verfolgt werden können, die trennscharf benannt werden müssen. Ein Märchen der Gebrüder Grimm kann etwa ein Anlass sein, um exemplarisch Merkmale von Volksmärchen zu erarbeiten. Es kann ebenso gut psychologisch interpretiert, im kulturhistorischen Kontext gelesen, szenisch gestaltet oder kreativ umgeschrieben werden. Denkbar ist auch seine didaktische Funktionalisierung für Lernziele, die inhaltlich nicht auf den Text bezogen sind.

Angesichts dieser Vielfalt möglicher didaktischer Verwendungen von Unterrichtsgegenständen bringt eine präzise Lernzielformulierung den *Schwerpunkt* einer Unterrichtsstunde oder Lernsequenz zum Ausdruck. Sie gibt an, welche Kenntnisse oder Fähigkeiten die Schülerinnen und Schüler erwerben sollen. Auf dieser Basis kann die Lehrperson sämtliche didaktischen und methodischen Entscheidungen unter der Maßgabe der Zielorientierung reflektiert treffen. Der in der praktischen Lehrerbildung tradierte Lehrsatz „Nur wer weiß, wohin er will, kann entscheiden, wie er dorthin gelangt" bringt diesen Gedanken prägnant zum Ausdruck. Die Gültigkeit dieser Devise wird neuerdings durch Ergebnisse der empirischen Unterrichtsforschung bestätigt, wie Ilona Esslinger-Hinz u.a. erläutern: Die Klarheit von Zielvorstellungen korreliert positiv mit der Qualität der im Unterricht erarbeiteten Ergebnisse. Offenbar bildet ein Lehr-Lernarrangement, das konsequent an einer Zielperspektive ausgerichtet ist, die Basis für eine strukturierte und effektive Nutzung der Lernzeit (vgl. Esslinger-Hinz u.a. 2008, S. 119f.).

In der praktischen Phase der Lehrerausbildung hat sich eine zweiteilige Formulierung von Lernzielen bewährt. Lernziele beziehen sich zum einen auf einen angestrebten Lernzuwachs in einem *Inhalts- bzw. Kompetenzbereich*, zum anderen auf den Aspekt der *Handlung*, durch die die Schülerinnen und Schüler den Zugewinn an Wissen, Fähigkeiten und Fertigkeiten erreichen sollen (vgl. Runge 2007). Dieser Aufbau der Lernzielformulierung kann auch im kompetenzorientierten Unterricht nach Bildungsstandards Gültigkeit beanspruchen. Unter den neuen curricularen Vorgaben bildet jedoch weniger die Systematik eines Inhaltsbereiches den Ausgangspunkt einer Lernzielformulierung, sondern die Auseinandersetzung mit Kompetenzbeschreibungen, die die erwarteten Ergebnisse schulformspezifischer Bildungsgänge benennen. So geben Bildungsstandards z.B. bezogen auf den Primarbereich an, über welche

Kompetenzen Kinder am Ende des vierten Schuljahres in den Kernfächern verfügen sollen. In der Theorie und Praxis des Unterrichts verweist diese jahrgangsübergreifende Perspektive auf ein relativ unerschlossenes didaktisches Gebiet. Das Verhältnis von Bildungsstandards als langfristig angelegte Kompetenzen einerseits und Lernzielen für Jahrespläne, einzelne Unterrichtseinheiten und -stunden andererseits bedarf einer systematischen Klärung und didaktischen Konzeptualisierung (vgl. Lersch 2007).

Eine solche Klärung muss voraussetzen, dass die Kompetenzziele der Bildungsstandards nicht deckungsgleich sind mit Zielen für einzelne Lektionen. Anders als inhaltsorientierte Lernziele kann die Entwicklung einer Kompetenz mit Abschluss einer Unterrichtseinheit nicht als gesichert gelten, da sie auf kumulativ-vernetztem Lernen in unterschiedlichen inhaltlichen und situativen Kontexten beruht. So erfordert z.B. die Kompetenz „lebendige Vorstellungen beim Lesen und Hören literarischer Texte entwickeln" aus dem Bereich „Lesen – mit Texten und Medien umgehen" der Bildungsstandards für den Primarbereich die unterrichtliche Förderung und Forderung in verschiedenen Lerneinheiten und Unterrichtsstunden, wie die Abbildung I verdeutlicht.

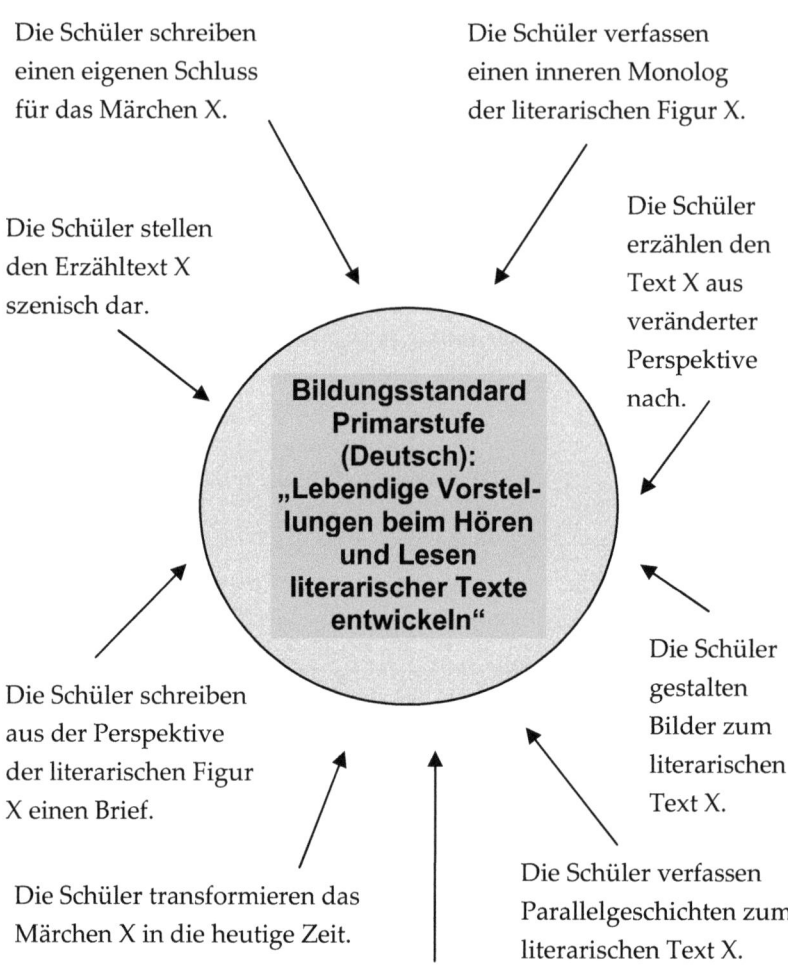

Die Schüler schreiben einen eigenen Schluss für das Märchen X.

Die Schüler verfassen einen inneren Monolog der literarischen Figur X.

Die Schüler stellen den Erzähltext X szenisch dar.

Die Schüler erzählen den Text X aus veränderter Perspektive nach.

Bildungsstandard Primarstufe (Deutsch): „Lebendige Vorstellungen beim Hören und Lesen literarischer Texte entwickeln"

Die Schüler schreiben aus der Perspektive der literarischen Figur X einen Brief.

Die Schüler gestalten Bilder zum literarischen Text X.

Die Schüler transformieren das Märchen X in die heutige Zeit.

Die Schüler verfassen Parallelgeschichten zum literarischen Text X.

Die Schüler verfassen eine Fortsetzung zu der Erzählung X.

Abbildung I: Kumulative Entwicklung einer Kompetenz in vielfältigen unterrichtlichen Erarbeitungen.

Wie die Abbildung an einem Beispiel aus den Bildungsstandards zeigt, können Impulse zur Entwicklung einer Kompetenz im Kontext vielfältiger unterrichtlicher Erarbeitungen gesetzt werden. Folglich kann die Vermittlung einer Kompetenz – hier der Fähigkeit, lebendige Vorstellungen beim Lesen und Hören literarischer Texte zu entwickeln – als eine didaktische Querschnittaufgabe begriffen werden, die durch die Ermöglichung kontinuierlichen Anschlusslernens im Unterricht umgesetzt wird.

Die Voraussetzung der *Ableitung unterschiedlicher Lernziele* aus einem Standard bildet dessen *Auslegung* (vgl. Drieschner 2008). Der Spielraum der Auslegung hängt davon ab, wie präzise oder offen die jeweilige Kompetenzbeschreibung gefasst ist *(vgl. Kapitel 3.3)*. Um am gegebenen Beispiel zu bleiben: Es ist nicht gesagt, welche Gestalt „lebendige Vorstellungen" annehmen und wodurch sie didaktisch angeregt werden können. Lehrerinnen und Lehrer müssen vor dem Hintergrund ihres fachdidaktischen und bildungswissenschaftlichen Wissens zu einer Interpretation des Standards kommen. So können sie zu Deutungen von „lebendigen Vorstellungen" z.B. als ‚Imaginationsfähigkeit', ‚Phantasietätigkeit', ‚Empathiefähigkeit' oder ‚literarischer Gestaltungsfähigkeit' gelangen. Diese Teilkompetenzen können jeweils durch unterschiedliche Lernanlässe wie z.B. dem Verfassen eines alternativen Endes oder der Fortsetzung einer Erzählung, dem Schreiben eines inneren Monologes einer literarischen Figur oder der bildlichen Gestaltung eines Textes gefördert werden. Im Sinne eines ‚Spiralcurriculums' kann so über die Grundschuljahre hinweg an vielfältigen Aufgaben, Inhalten und Themen am Aufbau verschiedener Dimensionen einer Gesamtkompetenz gearbeitet werden. Die Lehrkraft wird dabei durch ihre berufliche Erfahrung und die fortwährende Beobachtung ihrer Schülerinnen und Schüler eine Vorstellung von den Stufungen der Kompetenzgenese entwickeln, um so die Reihenfolge der verschiedenen unterrichtlichen Erarbeitungsformen festlegen zu können. So weiß sie etwa, dass die Übernahme der Perspektive einer literarischen Figur durchschnittlich höhere Anforderungen an die Kompetenzleistung stellt als etwa die Imaginationsleistung, die das Verfassen eines alternativen Endes eines Märchens den Schülerinnen und Schülern abverlangt. Die didaktische Stufung des Kompetenzerwerbs hängt zudem entscheidend von der Qualität der in den Fachkonferenzen entwickelten schulinternen Curricula ab, an denen sich die Jahrespläne und Unterrichtseinheiten der einzelnen Klassen orientieren. Schulinterne Curricula sollen den Lernweg abbilden, den Schülerinnen und Schüler über die Schuljahre hinweg idealerweise beschreiten, um die am Ende zu erreichenden Kompetenzen aufzubauen (vgl. Lankes 2006). Die schulinternen Lernpläne werden sozusagen retrograd von den für das Ende der letzten Jahrgangsstufe festgelegten Kompetenzzielen konzipiert.

Um die Relation von Endzielen für einen Bildungsgang und Lernzielen für einzelne Unterrichtsstunden begrifflich zu präzisieren, unterscheidet Bernward Lange zwischen Bildungsstandards als *„distalen"* (entfernten) Kompetenzen und davon abgeleiteten Zielen für einzelne Lernsequenzen, die auf *„proximale"* (am nächsten zu erreichende) Kompetenzen bezogen sind. Gedanklich lehnt sich Lange hier an Lew Wygotski an, der in seiner Entwicklungstheorie den Begriff der „Zone der proximalen Entwicklung" prägte. Darunter ist das Spannungsfeld zwischen dem aktuellen und dem potentiell erreichbaren Kompetenzniveau zu verstehen. In diesem Spannungsfeld bewältigt ein Kind auf Basis seiner bisherigen Kenntnisse, Fähigkeiten und Problemlösekompetenzen und mit der Hilfe kompetenter Bezugspersonen zunehmend selbstständig Anforderungen und Aufgaben, die auf einem höheren Entwicklungsniveau liegen (vgl. Wygotski 1986).

Bildungsstandards als distale Kompetenzen geben nun zusammen mit den Lernvoraussetzungen der Schülerinnen und Schüler den Rahmen an, in dem die Zone der proximalen Entwicklung angelegt ist. Ein auf Basis von Bildungsstandards didaktisch strukturierter Kompetenzerwerb ist folgerichtig gekennzeichnet durch die Umwandlung von distalen in proximale Kompetenzen in einem abgesteckten Zeitrahmen. Eine zentrale Aufgabe der Unterrichtsplanung besteht darin, die sach- und erwerbslogische Passung sowie die Widerspruchsfreiheit, Logik und Stringenz zwischen distalen und proximalen Kompetenzen herzustellen. Lange spricht in diesem Zusammenhang von *„prospektiver Passung"*. Ebenso ist sicherzustellen, dass die proximalen Kompetenzen der Lernausgangslage der Schülerinnen und Schüler entsprechen (*retrospektive Passung*), sie also über die „vorauslaufenden notwendigen Teilkompetenzen verfügen (vgl. Lange 2006). Parallel zur Herstellung der prospektiven und retrospektiven Passung liegt eine weitere didaktische Aufgabe, die Lange als „*downsizing*" bezeichnet. Um diese Aufgabe zu veranschaulichen, sei noch einmal auf das oben gewählte Beispiel verwiesen. Der Beispielstandard kann das von Lange herausgearbeitete Charakteristikum veranschaulichen, dass Bildungsstandards „Kompetenzen bezogen auf eine Klasse von Situationen bzw. thematischen Kontexten" umfassen. So ist Ausbildung „lebendiger Vorstellungen" bei der literarischen Rezeption gefordert im Zusammenhang vielfältiger Rezeptions- und Verarbeitungsformen von Literatur. In Anbetracht dessen ergibt sich die didaktische Aufgabe, aus der Klasse der auf den Standard bezogenen literarischen Rezeptions- und Verarbeitungsformen „valide und exemplarische Repräsentanten" auszuwählen („*downsizing*"), wobei für Lange die Frage, ob proximale Kompetenzen mit operationalisierten Lernzielen gleichzusetzen sind, im didaktischen Fachdiskurs noch nicht hinreichend beantwortet wurde (vgl. ebd., S. 18).

Die *Operationalisierung* von Lernzielen, die z.B. Robert Mager (1971) oder Christine Möller (1999) fordern, sieht nicht nur die Deduktion proximaler Lernziele aus übergreifenden curricularen Bildungszielen vor, sondern auch die Angabe einer Messoperation in der Zielformulierung, durch die überprüfbar gemacht werden soll, ob eine Schülerin oder ein Schüler den intendierten Lernzuwachs auch tatsächlich erreicht hat. Zu diesem Zweck wird die Lernzielformulierung auf ein konkretes und beobachtbares Verhaltensziel enggeführt, das unter anzugebenden Bedingungen erreicht werden soll. Zwar ist im Zusammenhang mit kompetenzorientierten Lehren und Lernen vielfach von Zielklarheit, Wirkungsorientierung, verbindlicher Ergebnissicherung und Outputkontrolle die Rede, ein erneuter Anschluss an das oft kritisierte Konzept der Lernzieloperationalisierung wird jedoch nicht vorgenommen. Hilbert Meyer erläutert, dass die Lernzielorientierung im Sinne Magers auf einem verengten technologischen Verständnis von Unterricht als vollständig zweckrational planbarer und wirkungssicherer Abfolge von didaktischen

Handlungsentscheidungen beruht. Für jeden pädagogisch Handelnden ist es jedoch nur allzu evident, dass Interaktionen zwischen Menschen einer eigenen Dynamik folgen und durch letztlich nicht vorhersehbare spontane Handlungen und situative Einflüsse beeinflusst werden, so dass eine Lehrkraft ggf. flexibel von ihrer Stundenplanung abweichen muss (vgl. Meyer 1999, S. 309). Im Unterschied zur Operationalisierbarkeit wird in aktuellen Leitfäden zur Unterrichtsplanung daher die Notwendigkeit der *Evaluierbarkeit* von Lernzielen hervorgehoben (vgl. Esslinger-Hinz 2008). Lehrerinnen und Lehrer werden angehalten, in der Unterrichtsplanung Indikatoren festzulegen, anhand derer sie schließlich feststellen können, inwieweit das Ziel bzw. ein Lernzuwachs erreicht ist. In die Zielformulierung müssen diese Indikatoren jedoch nicht integriert werden.

4.2 Anspruchsniveaus festlegen: Zur Graduierung von Kompetenzen

Das vorige Kapitel zeigt, dass schulische Bildungsziele unter den Bedingungen von Outputorientierung als distale Kompetenzen konzeptualisiert sind, die sich auf einen langfristigen Lernprozess beziehen. Daraus resultiert die didaktische Aufgabe, über das Verfahren des ‚downsizing‘ proximale Kompetenzen abzuleiten, die den Kriterien der ‚prospektiven‘ und ‚retrospektiven Passung‘ entsprechen. Die unterrichtlichen Bedingungen für eine systematische und effektive Kompetenzentwicklung im jeweiligen proximalen Bereich werden durch didaktische Strukturierungen geschaffen, die die Kumulativität des Lernprozesses berücksichtigen und von einfachen zu komplexeren Lernzielen voranschreiten. Die übergreifende Zielperspektive besteht somit darin, die normativen Erwartungen an die Erträge schulischer Lernarbeit an die Lernentwicklungen der Schülerinnen und Schüler anzupassen. Unterrichtspraktikabel wird diese Form der Progression des Lehr-Lernprozesses, wenn die Lehrperson didaktisch-methodische Entscheidungen vor dem Hintergrund folgender

Fragen trifft: „Was kann das Kind schon? Was kann es als nächstes lernen, um die in den Bildungsstandards ausgewiesenen Kompetenzen zu erwerben?"

Mit dieser Fokussierung des individuellen Verlaufs der *Kompetenzentwicklung* eines Kindes richtet sich der Blick auf eine in den bisherigen Überlegungen noch nicht hinreichend berücksichtigte pädagogische Herausforderung: Die Lernentwicklungen einer Schülerin bzw. eines Schülers variieren stark in Abhängigkeit ihrer bzw. seiner personalen und sozialen Lernvoraussetzungen. Internationale wie nationale Vergleichsstudien haben in diesem Zusammenhang erneut auf das breite *inter*personelle Leistungsspektrum in Lerngruppen und Klassenstufen aufmerksam gemacht, wobei hierzulande die kognitiven Leistungen z.B. im Bereich des Lesens stark mit sozialen Kontextvariablen wie z.B. dem familiären Bildungs- und Sozialniveau und/oder dem Migrationshintergrund der Schülerinnen und Schüler korrelieren (vgl. Deutsches PISA Konsortium 2001; Bos u.a. 2007). Die moderne Entwicklungspsychologie verweist zudem auf die *intra*personelle Variabilität der Schulleistungen in Bereichen wie Lesen, Schreiben, Rechnen oder Zeichnen (vgl. Largo 2006, S. 37). Im Zusammenhang dieser wissenschaftlichen Befunde avancierte die *Heterogenität kognitiver wie auch sozialer Lernvoraussetzungen* zu einem zentralen und nicht zu vernachlässigenden Thema schulpädagogischer Diskurse (vgl. Tillmann/Wischer 2006). Wie in *Kapitel 2.1* erläutert, wird mit der Einführung von Bildungsstandards, Vergleichsarbeiten und kompetenzorientiertem Unterricht der Anspruch verbunden, dieser Leistungsheterogenität durch die gezielte Förderung und Forderung aller Kinder nachhaltig und produktiv zu begegnen. Obgleich Schule seit jeher mit interindividuellen Unterschieden im Bereich von Vorwissen, Motivation, Interesse, Lerngeschwindigkeit, Konzentrationsfähigkeit, Selbstständigkeit, Sozial- und Arbeitsverhalten etc. konfrontiert ist, lassen sich in der gegenwärtigen Fachdiskussion u.a. folgende Akzentuierungen feststellen, die im kompetenzorientierten Unterricht zu berücksichtigen sind:

- In der interkulturellen Pädagogik wird auf die Zunahme der Anzahl von Schülerinnen und Schülern mit Migrationshintergrund bzw. anderen kulturellen Prägungen verwiesen. Dadurch kommt es zu einer Pluralisierung sprachlicher, sozialer, ethnischer und religiöser Bedingungen des Lernens im Unterricht. Da diese Schülergruppe in beträchtlichem Maße vom Problem der Bildungsbenachteiligung betroffen ist, kommt ihr ein besonderer Förderbedarf zu (vgl. Diefenbach 2007).

- Weite Teile des bildungswissenschaftlichen, fachdidaktischen und schulpädagogischen Diskurses begreifen Heterogenität als Chance für individuelles und kooperatives Lernens. Die Prinzipien der *Individualisierung* und *Differenzierung* werden als Anforderungen an die pädagogisch-professionelle Lehrkompetenz formuliert (vgl. Groeben 2008).

- Forschungen über die Verschiedenartigkeit kindlicher Lernprozesse in den unterschiedlichen Feldern des schulischen Lernens haben in den letzten Jahren zugenommen. Damit sind Anknüpfungspunkte für einen reflektierten professionell-pädagogischen Umgang mit der kognitiven und sozialen Heterogenität von Schülerinnen und Schülern gegeben.

Während in reformpädagogischen Unterrichtslehren die Komplexität, Individualität und mithin Heterogenität von Aneignungsprozessen mitunter so stark herausgestellt wird, dass jeder Versuch, ihr lehrgangssystematisch gerecht zu werden, von vorneherein zum Scheitern verurteilt ist, liegt dem kompetenzorientierten Ansatz ein stärker pragmatischer Zugang zur individuellen Differenz von Lernentwicklung zugrunde. Dieser wird durch die Unterscheidung verschiedener *Kompetenzniveaus* realisiert. Die „Expertise zur Entwicklung nationaler Bildungsstandards" empfiehlt eine Stufung von Kompetenzen (z.B. in *Minimalstandards, Regelstandards* und *Maximalstandards*), die als handhabbares Modell zur Bestimmung von Unterschieden der im Unterricht erreichten Lernstände sowie zur Differenzierung und Individualisierung des Lernangebotes dienen soll. Kompetenzstufenmodelle sind aufgrund dieser Vereinfachungen von lerntheoretischen Konstrukten abzugrenzen. Als pragmatische Hilfsmittel für Test- und Unterrichtszwecke reduzieren sie die Komplexität heterogener Lernentwicklungen, die z.B. in konstruktivistischen Lerntheorien beschrieben wird.

Doch Anspruch und Wirklichkeit klaffen bisher noch weit auseinander, denn – wie oben bereits betont – die eingeführten Bildungsstandards weisen solche Graduierungen von Niveaustufen nicht aus. Sie beschränken sich auf die Benennung von Regelstandards, die im Unterschied zu Kompetenzstufenmodellen keine konzeptionellen Impulse zur Präzisierung der Leistungsdiagnostik und zur zielgerichteten Förderung liefern *(vgl. Kapitel 3.3)*.

Unschwer lässt sich erkennen, dass diese Ausgangslage Schulpraktiker vor massive Probleme stellt. Trotz fehlender konzeptioneller Grundlage macht das mit dem Ausdruck ‚Bildungsstandards' verbundene Qualitätsprogramm gegenüber den Lehrkräften den Anspruch geltend, den Schülerinnen und Schülern einen *individuell gestuften Kompetenzaufbau* vor dem Hintergrund ihrer heterogenen Lernvoraussetzungen zu ermöglichen. Mit seiner Arbeit „Bildungsstandards in der Praxis. Kompetenzorientiert unterrichten" entwickelt der in der Lehrerfortbildung tätige Mitautor des baden-württembergischen Bildungsplans Gerhard Ziener (2006) ein didaktisches Konzept, das u.a. dieses Problem zu überbrücken sucht. Durch das Verfahren der *„Kompetenzexegese"* sollen die in den Bildungsstandards ausgewiesen Kompetenzen bzw. die daraus abgeleiteten proximalen Kompetenzen hinsichtlich dreier Niveauabstufungen graduiert werden. Eine Kompetenzexegese, die prinzipiell für jeden einzelnen Bildungsstandard zu leisten ist, gibt Antworten auf folgende Fragen:

- Was können Schülerinnen und Schüler, die über die Kompetenzen verfügen, die als Standards ausgewiesen sind?
- Wann können sie es in „anfänglicher, aber hinreichender Weise", wann können sie es „ordentlich" und wann können sie es „gut"?
- Wie lassen sich aus den Kompetenzzielen Lernwege erstellen? (vgl. ebd., S. 33)

Diese Fragen verdeutlichen die von Ziener hervorgehobene Aufgabe kompetenzorientierter Unterrichtsplanung, *die Bildungsstandards in erkennbares und gestuftes Können zu übersetzen und somit anschlussfähig an die Heterogenität der Lernentwicklungen unter den Kindern einer Lerngruppe zu machen.* Ohne eine solche Kompetenzexegese könnten die Bildungsstandards nicht zur Zielklarheit schulischer Bildung beitragen und würden ihre in der ‚Klieme-Expertise' ausgewiesene Funktion verfehlen. Eine Kompetenzexegese gliedert sich in folgende Arbeitsschritte: Zunächst werden Kompetenzbeschreibungen aus den Bildungsstandards oder den Bildungsplänen bzw. Kerncurricula der Länder ausgewählt, die die Schülerinnen und Schüler in einer Unterrichtseinheit, -stunde oder Lernsequenz anbahnen bzw. entwickeln sollen. Sodann sind ‚proximale' Kompetenzen abzuleiten und zu klassifizieren, ob sie einem kognitiven, kommunikativen, methodisch-kreativen oder personal-sozialen Bereich zugeordnet werden können. Ziener entwickelt hierfür ein Kategoriensystem, das von der Grundidee an die Lernzielbereiche von Benjamin S. Bloom u.a. (1956) erinnert. Nachfolgend muss eine Interpretation dieser Kompetenzbeschreibungen vorgenommen werden, welche die Frage beantwortet, was ein Kind kann, das über diese Kompetenzen verfügt. Der nächste Schritt besteht darin, die Kompetenzen hinsichtlich der oben genannten Niveaustufen zu graduieren und darauf bezogen ein differenziertes Lernangebot bereitzustellen.

Kompetenzstufen, die eigentlich vorauszusetzender Bestandteil guter Bildungsstandards sein sollten, sollen also durch die Kompetenzexegese gewissermaßen nachträglich von den Lehrkräften selbst erstellt werden. Ziener versäumt es allerdings, dies als klares Defizit der bestehenden Standards zu kennzeichnen. Gleichwohl setzt er mit der Auslegung und der unterrichtlichen Konkretisierung von Bildungsstandards am didaktischen Kernproblem an, die geforderten Kompetenzen in erkennbares und erwartbares Können von Schülern zu übersetzen und verschiedene Niveaustufungen zu berücksichtigen. Dabei kann die Unterscheidung der in den Bildungsstandards ausgewiesenen Anforderungsbereiche (AB I, AB II, AB III) eine erste Orientierung bieten. Die Qualität der Kompetenzexegese hängt jedoch grundsätzlich von der jeweiligen beruflichen Erfahrung sowie dem didaktischen, diagnostischen und fachlichen Wissen der Lehrkräfte ab. Darüber hinaus sind grundlegende bildungswissenschaftliche Kenntnisse nötig, denn um zu einer angemessenen Stufung von Kompetenzen zu gelangen, empfiehlt es sich, die Bildungsstandards im Licht von Kompetenzmodellen der internationalen Schulvergleichsstudien sowie der Fachdidaktik zu interpretieren. Anders als bei den Bildungsstandards werden hier Niveaustufungen vorgenommen, die einen wichtigen Orientierungsrahmen für die Exegese von Kompetenzen bieten. Damit wird die Kompetenzexegese allerdings zu einer hoch anspruchsvollen Tätigkeit, die der von Bildungsforschern ähnelt (vgl. Köster 2008). Dies legt die Vermutung nahe, dass mit dem Verfahren der Kompetenzexegese ein noch bestehendes Forschungs- und Theoriedefizit in eine Lernaufgabe von Lehrerinnen und Lehren transformiert wird, auf die sie aber vielerorts in ihrer Ausbildung noch nicht hinreichend vorbereitet sind.

4.3 Inhalte erschließen: Zur Vernetzung von Kompetenzen und Inhalten

In diesem Abschnitt soll auf die didaktischen Grenzen der oben beschriebenen Deduktion von Lernzielen aus Standards eingegangen werden, aus denen sich die Notwendigkeit ergibt, angestrebte Kompetenzen und ausgewählte Unterrichtsinhalte passend und widerspruchsfrei aufeinander zu beziehen. Wie Ziener hervorhebt, ist die Erschließung unterrichtlicher Zielperspektiven allein aus kompetenztheoretischer Perspektive verkürzt und muss daher darüber hinaus immer auch einen inhaltsbezogenen Aspekt umfassen, denn Kompetenzen können nur in der Auseinandersetzung mit konkreten fachlichen bzw. domainspezfischen Inhalten, Themen und Problemen erworben werden. Im Unterschied zu Schlüsselkompetenzen, die ausschließlich formale Fähigkeiten und Fertigkeiten beschreiben, umfasst der den Bildungsstandards grundgelegte Kompetenzbegriff explizit auch Kenntnisse und Einstellungen, deren

Erwerb untrennbar an spezifische Inhalte gebunden ist. Diese sind die sachliche und strukturelle Basis für die Entwicklung der erwarteten Kenntnisse, Fertigkeiten und Einstellungen. Kompetenz- und Inhaltsorientierung schließen sich also nicht wechselseitig aus, sondern können als sich dialektisch bedingende Prinzipien betrachtet werden. Dennoch ist die kompetenztheoretische Perspektive derzeit die curricular verbindliche und überlagert die inhaltsbezogene, weshalb Ziener folgende didaktische Leitfrage für die Unterrichtsplanung formulieren kann: „Welche Kompetenzen können an welchen Inhalten erworben werden" (Ziener 2006, S. 28)?

Je nach Kompetenzbeschreibung ist der Spielraum für die Zuordnung passender Inhalte größer oder kleiner. Während z.b. die Kompetenz „gezielt einzelne Informationen suchen" an jeglichen altersgerechten Sachtexten und literarischen Texten in der Grundschule geübt werden kann, enthält der Standard „Erzähltexte, lyrische und szenische Texte kennen und unterscheiden" bereits ein inhaltliches Kriterium zur Textauswahl. Grundsätzlich ist aber im Vergleich zum traditionalen Bildungskanon bei allen Standards eine breite Variabilität der Inhalte gegeben, woraus das Problem entstehen kann, dass eine Inhaltsauswahl willkürlich getroffen wird.

Unter dem Gesichtspunkt des zeitlich wie auch inhaltlich effizienten Lernens empfiehlt es sich, einen Inhalt so auszuwählen und aufzubereiten, dass verschiedene Kompetenzen an ihm erworben werden können, weshalb Ziener in Bezug auf die Auswahl von Texten vorschlägt, „mehrfach geeignete Texte mit den Kompetenzstandards so ins Spiel zu bringen, dass deutlich wird, welche Kenntnisse, Fähigkeiten und Einstellungen gerade an diesem Text erworben werden können" (ebd., S. 29).

Die Auswahl und das didaktische Arrangement der Inhalte, an denen Kompetenzen erworben werden können, stellen jedoch nicht nur aus den genannten lernökonomischen Gründen wichtige didaktische Aufgaben dar, sondern auch weil Inhalte und Themen den *Zusammenhang* des schulischen Lernens sichern. Das negative Gegenbild eines zusammenhanglosen Unterrichts ist ein inhaltsentleertes ‚*Teaching and Learning to the Test'*, das übereinstimmend als Fehlentwicklung kompetenzorientierten

Unterrichts nach Bildungsstandards betrachtet wird. Unter diesem Schlagwort wird das intensive Training einzelner Kompetenzen an zusammenhanglosen Aufgaben zusammengefasst, das sich im Zuge der Outputorientierung auszubreiten droht. Zu diesem Zweck stehen bereits zahlreiche Aufgabensammlungen auf dem Buchmarkt zur Verfügung. Ein auf Kompetenztraining herabgesetzter Unterricht beruht jedoch auf einem eingeschränkten Lern- und Bildungskonzept und führt zu einer Verarmung der Unterrichtskultur (vgl. Heckt/Jürgens 2005, S. 43ff.; Spinner 2005).

Anspruchsvolle didaktische Konzeptualisierungen kompetenzorientierten Unterrichts heben daher die Bedeutung des *thematisch nach sinnvollen Unterrichtseinheiten* gegliederten Unterrichts hervor. Kompetenzauslegungen können aus diesem Grunde nicht den alleinigen Ausgangspunkt der Unterrichtsplanung bilden, sondern sind zu vermitteln mit der traditionalen didaktischen Strukturierung eines Inhalts- und Themenbereichs im Zusammenspiel von Sachanspruch und Schülerorientierung. Die Umsetzung kompetenzorientierter Konzepte muss an die traditionale schulische Organisation des Lernens nach inhaltsgebundenen Jahresplänen, Unterrichtseinheiten und Unterrichtsstunden anknüpfen. Inhalte und Themen geben demnach den äußeren Rahmen des Lernens vor. So können z.B. nur Inhaltsbeschreibungen wie „Märchen und märchenhafte Welten", „Freundschaft" oder „Wortfamilien" einen sinnvollen Überbau für Unterrichtseinheiten bilden. Kompetenzen und Kompetenzbereiche vermögen dies nicht, sie können keinen inhaltlich und thematisch kohärenten Unterricht verbürgen. Lehrkräfte müssen daher ihre Praxis nicht völlig neu ausrichten, die neue didaktische Herausforderung besteht jedoch in der kompetenztheoretischen Erschließung, Reflexion und Optimierung des Lehr-Lernprozesses, indem inhaltliche Erarbeitungen an den Aufbau, die Festigung und die Erweiterung von Kompetenzerwartungen gebunden werden.

4.4 Methodische Zugänge erschließen: Von der Kompetenzbeschreibung zur Konzeptualisierung von Lernwegen

Nicht nur die Bestimmung und Graduierung proximaler Kompetenzen sowie die Auswahl und das Arrangement der Inhalte sollen auf den angestrebten Kompetenzerwerb bezogen sein, sondern auch die gewählten Unterrichtsmethoden (vgl. Ziener 2006, 81). Unterrichtsmethoden erfüllen somit keinen Selbstzweck, ihnen kommt eine dienende Funktion zu, die der kompetenztheoretischen Legitimierung bedarf. Wie auch bei der Erstellung von Kompetenzstufen werden Lehrerinnen und Lehrer bei Methodenentscheidungen auf ihre Erfahrungen und ihr didaktisch-methodisches Wissen verwiesen, wobei sie sich nach Ziener grundsätzlich folgende Frage stellen müssen: „Welche der mir bekannten Methoden könnten in besonderer Weise geeignet sein, wenn ich eine bestimmte Kompetenz bei den Schülerinnen und Schülern anstrebe, sie anbahnen, üben oder vertiefen will?" (ebd.).

Obgleich in der Fachliteratur keine eigenständige und klar von anderen Ansätzen abgrenzbare Unterrichtsmethodik entwickelt wird, so schälen sich doch folgende übergreifende methodische Merkmale des kompetenzorientierten Unterrichts heraus: (1) Es ist eine besondere Gewichtung von Methoden festzustellen, die zu einer klaren und verbindlichen Strukturierung des Unterrichts führen und kumulativ-vernetztes Lernen fördern. (2) In Bezug auf die Differenzierung des Lernangebotes spielen methodische Arrangements eine zentrale Rolle, die den Kompetenzerwerb auf verschiedenen Niveaustufen ermöglichen. (3) In Erarbeitungsphasen finden Methoden eine große Resonanz, die den aktiven Kompetenzerwerb und die problemorientierte Anwendung von Wissen herausfordern.

Diese methodischen Grundsätze gelten sowohl auf der makro- wie auch auf der meso- und mikrodidaktischen Unterrichtsebene. Die Unterscheidung von „Mikrodidaktik" als „Inszenierungstechniken des Lehrers und der Schüler", „Mesodidaktik" als „Dimensionen methodischen Handelns" und „Makrodidaktik" als „methodische Großformen des Unterrichts" wurde von Hilbert Meyer als Ordnungsraster entwickelt, um die Vielfalt und damit einhergehende Unübersichtlichkeit unterrichtmethodischer Ansätze zu strukturieren. Sie basiert auf einem weiten Verständnis des Methodenbegriffs und umfasst das gesamte Spektrum von methodischen Kleinformen wie dem stummen Impuls bis zu methodischen Großformen wie der Freiarbeit. Im Folgenden sollen die genannten methodischen Kernmerkmale des kompetenzorientierten Ansatzes auf den verschiedenen Ebenen des unterrichtlichen Handlungsgeschehens näher betrachtet werden.

4.4.1 Klare Strukturierung des Unterrichts

Bildungsstandards sollen durch die Normierung und Überprüfung von distalen Kompetenzen zur klaren und ergebnisbezogenen Ausrichtung des Lehr-Lernprozesses führen *(vgl. Kapitel 4.1, 4.2)*. Auf der Ebene der Unterrichtsmethodik entspricht dieser Transparenz der Absichten eine *transparente unterrichtliche Ziel-, Inhalts- und Prozessstruktur* im Hinblick auf die angestrebten Ziele. Mit dem methodischen Qualitätsmaßstab ‚Strukturelle Transparenz und Klarheit' ist zugleich ein Kennzeichen effektiven Unterrichts benannt, das in der Unterrichtsforschung auf einer breiten empirischen Basis belegt wurde (vgl. Weinert/Helmke 1997, S. 97). Kompilierungen zentraler Forschungsbefunde bei Hilbert Meyer (2004), Ilona Esslinger-Hinz u.a. (2008) und Andreas Helmke (2007) nennen Indikatoren dieses Unterrichtsmerkmales. Strukturelle Klarheit bezieht sich demnach auf die Lehrersprache, das Unterrichtsmanagement, die inhaltliche und methodische Linienführung des Unterrichts, die Rollen von Lehrern und Schülern in verschiedenen Lernarrangements, die Aufgabenstellung sowie die in einer Klasse eingeführten Regeln und Rituale. Der Begriff der ‚Klarheit' bezeichnet die äußere Seite des Unterrichts. Eine aus Lehrsicht klare Strukturierung wird jedoch nicht per se von den Schülerinnen und Schülern als solche wahrgenommen. Das Gefälle an Wissen und Kompetenzen kann dazu führen, dass Lehrpersonen zu einer sachlogischen Strukturierung des Unterrichts kommen, die den Schülerinnen und Schülern aufgrund unzureichender inhaltlicher Vorkenntnisse nicht einleuchtet. In Anbetracht dieser Perspektivenabhängigkeit des Kriteriums ‚Klarheit' müssen Lehrpersonen bei der Planung des Unterrichts versuchen, die Perspektive der Lernenden einzunehmen und zu antizipieren, was aus ihrer Sicht die Klarheit des Unterrichts erhöht. Das Unterrichtsgeschehen ist für die Lernenden grundsätzlich dann *transparent*, wenn sie die äußere Klarheit und Strukturierung wahrnehmen und als sinnvoll erleben können.

Kompetenzorientierte Unterrichtsarrangements machen es sich zur Aufgabe, eine solche Transparenz des Lehrens und Lernens aus Schülersicht zu befördern. Im didaktischen Ansatz Gerhard Zieners soll dies erreicht werden, indem die Lernenden zu ‚*Mitwissenden' beim Erwerb von Kompetenzen* werden (vgl. Ziener 2006). Das setzt voraus, dass sie über die Ziele, den Verlauf und die Methoden des Unterrichts in Kenntnis gesetzt bzw. direkt in die Planungen involviert werden, damit sie den ‚roten Faden' einer Einheit oder Stunde erkennen und jeden Phasen- und Aktivitätswechsel in seiner Bedeutung für den gesamten inhaltlichen und thematischen Gang nachvollziehen können.

Aus diesem Grunde werden im kompetenzorientierten Unterricht diejenige Ansätze der aktuellen ebenso wie der älteren Unterrichtsforschung und Didaktik wichtig, die den Lernenden die Ziel-, Inhalts- und Prozessstruktur des Lerngeschehens verdeutlichen. Für Jochen und Monika Grell lässt sich der Grad der Strukturierung zu Beginn einer Einheit oder Stunde zunächst durch *„Informierende Unterrichtseinstiege"* erhöhen. Dahinter steht die Annahme, dass die Schülerinnen und Schüler erfolgreicher und zielorientierter lernen, wenn sie über die Kompetenzziele und den Verlauf des Unterrichts informiert sind. Praktische Erfahrungen zeigen, dass sie sich leichter auf ein Thema einlassen können und im Unterricht mitdenken bzw. mitplanen, wenn sie wissen, was von ihnen erwartet wird. Im Unterschied dazu lenken Eingangsimpulse, die keine zielführende Funktion aufweisen, wie auch komplizierte und überfrachtete Einstiege, die ausschließlich der kurzfristigen ‚Motivierung' dienen, eher von einem fokussierten und strukturierten Kompetenzerwerb ab (vgl. Grell/Grell 1979). Aber auch die Gefahr der kognitiven Überforderungen von leistungsschwächeren Schülerinnen und Schülern ist zu bedenken, die mit *Informierenden Einstiegen* dann nichts anfangen können, wenn diese zu abstrakt formuliert sind (vgl. Meyer 1999, S. 131). Da ein „guter Stundeneinstieg" nach Meyer nicht nur kognitiv und verbal ausgerichtet ist, sondern den Anspruch der ‚Ganzheitlichkeit', ‚Sinnlichkeit' und ‚breiten Aktivierung' aller Schülerinnen und Schüler erfüllt, empfiehlt es sich, die Informierung über die Ziele und den Verlauf des Unterrichts in ein Einstiegsarrangement einzubinden, das bei den Lernenden zugleich eine Fragehaltung weckt, die Motivation fördert und Vorkenntnisse aktiviert (vgl. ebd., S. 122ff.). In einem solchen Rahmen ist es möglich, Aspekte eines problemorientierten und eines informierenden Unterrichtseinstiegs zu verbinden, indem die Lehrkraft z.B. nach der gemeinsamen Herleitung des Ausgangsproblems den Schülerinnen und Schülern präzise mitteilt, welche Zielstellungen mit welchen Arbeitsschritten in der folgenden Erarbeitungsphase erreicht werden sollen. Um diese verbindliche Orientierung zu steigern, wird in der unterrichtspraktischen Literatur zudem in Anlehnung an David Ausubel (1974) empfohlen, so genannte *Advance Organizer'* einzusetzen die im Voraus (‚in advance') einen strukturierten *graphischen* Überblick über die Schritte der geplanten Themenerarbeitung in ihren sachlogischen Zusammenhängen bieten (vgl. Wahl 2005, S. 139ff.). Beispiele für diese Form der Lern- und Strukturierungshilfe sind Planungsskizzen, begriffliche Vorklärungen durch Clustering, Lernlandkarten ebenso wie thematisch strukturierte Laufzettel und Übersichten für die Arbeit an Stationen oder Plänen. Sie sollen die Aktivierung von Vorwissen, die kognitive Elaboration des neuen Wissens sowie die kognitive Vernetzung der einzelnen thematischen Bausteine einer Lektion erleichtern.

Zu ‚Mitwissenden' im Sinne einer hohen *metakognitiven Bewusstheit des Lernens* können die Schülerinnen und Schüler auch dann werden, wenn sie am Ende einer Lernsequenz gefordert sind, ihren Lernfortschritt in eigene Worte zu fassen und mit der Lehrkraft zu beraten. Als Impuls kann die einfache Frage dienen: „Was habt ihr heute gelernt?" Diese schlichte Anregung zur Selbstreflexion zielt darauf ab, den Blick der

Schülerinnen und Schüler auf die Zuwächse ihres Lernens zu schärfen. Eine solche Rückversicherung über die Lernerträge ist Teil eines *wirkungsorientierten Unterrichts* (vgl. Aurin 1991), der klare Zielperspektiven verfolgt und die Lernerträge kontrolliert. Lehrerinnen und Lehrer stellen verbindliche Anforderungen und verfolgen eine systematische Prüfung des ‚Lernoutputs', nicht nur durch die Evaluation von Arbeitsergebnissen, sondern auch durch die Anregung zu selbstreflexivem Lernen („Meta-Lernen"). Dadurch bringen die Lehrkräfte in der Klassenöffentlichkeit zum Ausdruck, „dass sie am Lernzuwachs bzw. der schulischen Entwicklung eines jeden Kindes bzw. Jugendlichen interessiert sind und ihren Lernprozess wachsam und wohlwollend begleiten" (Esslinger-Hinz u.a. 2008, S. 204).

Die genannten Inszenierungstechniken – der ‚Informierende Stundeneinstieg', das ‚Advance Organizing' wie auch die ‚Reflexion und Verbalisierung des Lernfortschrittes' – fördern die Entwicklung der Metakognition, d.h. der Fähigkeit, über das eigene Denken und Lernen zu reflektieren. Sie können dazu beitragen, dass die Lernenden den Unterrichtsgang tatsächlich als Fortschritt ihrer Kompetenzentwicklung wahrnehmen.

Eine Besonderheit des kompetenzorientierten Ansatzes besteht darin, die Klarheit, Transparenz und Verbindlichkeit der Ziel-, Inhalts- und Prozessstruktur des Unterrichts durch den Einsatz von *Kompetenzrastern* zu erhöhen (vgl. Müller 2005). „Kompetenzraster sind Tabellen, die in der Horizontalen Kompetenzen in ansteigender Niveaustufung aufführen, d.h. von einfachen Grundkompetenzen bis hin zu anspruchsvollen Fähigkeiten und Fertigkeiten, und in der Vertikalen die Kompetenzbereiche eines Faches benennen. Diese Kompetenzbeschreibungen bilden die Maßstäbe, mit denen die Lernenden ihre Arbeitsergebnisse abgleichen können. Sie beraten gemeinsam mit der Lehrkraft, welchem Kompetenzbereich und welcher Kompetenzstufe eine erbrachte Leistung zuzuordnen ist. So entsteht mit der Zeit ‚ein individuelles und differenziertes Kompetenzprofil', das den Lernenden die Kumulativität des Kompetenzerwerbs unmittelbar deutlich werden lässt" (Drieschner 2008, S. 567).

Manfred Bönsch schlägt vor, die im Rahmen von Kompetenzrastern erfolgten Selbsteinschätzungen mit den Ergebnissen von Leistungskontrollen in Beziehung zu setzen, damit die Lernenden durch das Zusammenspiel von Selbsteinschätzung und Testergebnis ein realistisches und reflektiertes Leistungsselbstkonzept aufbauen können. Ein in zeitlicher Hinsicht individualisiertes Lernen ist für Bönsch dann gegeben, wenn Schüler und Schülerinnen im offenen Unterricht nach vorheriger Selbsteinschätzung den Zeitpunkt der Überprüfung ihrer Kompetenzen selbst festlegen können (Bönsch 2008, S. 39). Unklar bleibt jedoch, wie man den Erwerb derjenigen Kompetenzen sicherstellen kann, die sich nur schwer in Kompetenzrastern darstellen und über Testverfahren prüfen lassen.

Der Vorteil der Arbeit mit Kompetenzrastern liegt in der konsequenten Orientierung am Lernen der Kinder. Nicht das Feststellen von Defiziten, sondern die Selbstwirksamkeit fördernde „Erfahrung des ‚Ich kann'" und die Rückmeldung, wo ein Kind steht und was es als nächstes lernen kann, stehen für Bönsch im Mittelpunkt (Bönsch 2008, S. 38). Diese hinter der Arbeit mit Kompetenzrastern stehende pädagogische Förderhaltung legt es nahe, in individuellen Leistungsrückmeldungen sowie in Gesprächen oder Berichten zum Lernstand gegenüber den Kindern zuerst zu betonen, was sie schon können, und dann anzugeben, was sie als nächstes lernen können (proximale Kompetenz). Defizitorientierte Beschreibungen und Formulierungen sollten weitestgehend vermieden werden. Der Blick ruht schülerorientiert auf dem kompetenten Kind, seinen vorhandenen bzw. noch weiterzuentwickelnden Fähigkeiten und Fertigkeiten. Andreas Helmke unterstreicht dieses pädagogische Ethos, indem er mit Verweis auf Weinert betont, dass sich die pädagogische Leistungsrückmeldung zur Verbesserung des Lernens im Unterschied zu wissenschaftlichen Evaluationen des Lernstandes nicht durch „neutrale Objektivität, sondern durch pädagogisch günstige Voreingenommenheit auszeichnet"(Weinert 1986, zit. nach Helmke 2007, S. 89).

Abschließend sei auf eine weitere Dimension des Qualitätsmerkmals ‚Strukturelle Klarheit und Transparenz' verwiesen. Wenn Lernende ‚Mitwissende' im Kompetenzerwerb werden sollen, ist es nicht hinreichend, sie nur über den Inhalt, den Verlauf und die Ziele des Lehr-Lerngeschehens zu informieren. Autoren wie Artelt/Riecke-Baulecke (2004) und Rhode-Clare (2008) betonen darüber hinaus, dass Lernende ein Wissen und Bewusstsein über den Sinn ihrer jeweiligen Lernschritte und Lernaufgaben ausbilden sollen. Wie mit Bezug auf motivationspsychologische Forschungsergebnisse ausgesagt werden kann, hängt das Erleben der Sinnhaftigkeit eng mit der Einsicht in die Bedeutung des eigenen Tuns zusammen (vgl. Deci/Ryan 1993). Bildungsstandards können in diesem Zusammenhang einen Anlass zur Auseinandersetzung über den Sinn der Lernanforderungen von Schule und Unterricht bilden (vgl. Artelt/Riecke-Baulecke 2004, S. 48). Um die Sinnhaftigkeit des Lernens aus der Sicht der Kinder zu erhöhen, bietet es sich z.B. an, mit ihnen gemeinsam Gründe zu erarbeiten, warum ein bestimmtes Kompetenzziel angestrebt wird. Lehrkräfte sollten daher gemeinsam mit ihren Schülerinnen und Schülern überlegen, warum z.B. ‚sinngestaltendes Lesen' wichtig ist oder weshalb es bedeutsam ist, in ‚Texten Informationen zu suchen'. Nur wenn im Rahmen eines Legitimationsdiskurses die Vernünftigkeit und der Sinn der schulischen Lernanforderungen von allen Kindern erkannt werden kann, ist selbstbestimmtes Lernen überhaupt möglich. In diesem Zusammenhang ist das gemeinsame Aufspüren der Bedeutung des Lernens im Leben der Kinder entscheidend, der gesellschaftlich-funktionalistische Verweis auf spätere Anforderungen in der Schule und in der Arbeitswelt hat dagegen vermutlich eher negative Auswirkungen auf die Entwicklung einer selbstbestimmten Lernmotivation (vgl. Drieschner 2007, S. 250).

4.4.2 Differenzierung des Lernangebotes nach Niveaustufen

Um einen nach dem individuellen Leistungsvermögen gestuften und für alle Lernenden erfolgreichen Kompetenzerwerb zu ermöglichen, wird im kompetenzorientierten Ansatz die Bedeutung von *Individualisierung, innerer Differenzierung (Binnendifferenzierung)* und *individueller Förderung* hervorgehoben. Bevor diese didaktischen Prinzipien im Kontext der kompetenzorientierten Unterrichtsmethodik spezifiziert werden, sollen sie zunächst auf einer allgemeinen Ebene erläutert werden.

Der Begriff *Individualisierung* bezeichnet im schulpädagogischen Diskurs die didaktisch-methodischen Bemühungen, den verschiedenen Lernprozessen, Lernstilen, Aneignungsweisen, Fähigkeiten und Interessen der Schülerinnen und Schüler gerecht zu werden (vgl. von der Groeben 2008, S. 27). Individualisierung bildet somit ein Grundprinzip moderner Erziehung, das im Unterricht methodisch durch *Differenzierung* umgesetzt wird. Maßnahmen der individuellen oder gruppenbezogenen Differenzierung umfassen u.a. die methodische Variation und Anpassung von Lernformen an das Arbeits- und Lernverhalten der Schüler, die Abstufung des Umfangs und des Schwierigkeitsgrades von Aufgaben entsprechend der Leistungsfähigkeit der Schüler sowie die Unterscheidung von verpflichtenden und zusätzlichen Aufgaben, um den unterschiedlichen Lerngeschwindigkeiten und Interessen der Schüler Rechnung zu tragen. Hinzu treten individuell abgestimmte Fördermaßnahmen und subjektorientierte Formen der Leistungsbeurteilung, die auf unterschiedliche Fähigkeitsausprägungen und individuelle Lernfortschritte bezogen sind. Systematisch zusammengefasst werden diese Formen als *quantitative*, *qualitative*, *fakultative* und *methodische* Differenzierung (vgl. Bönsch 1995).

Differenzierung stellt zunächst einmal eine pädagogische Reaktion auf die Heterogenität der Schülerschaft dar. In erster Linie sind hier Unterschiede in den kognitiven Leistungsvoraussetzungen und im Wissen der Kinder einer Klasse gemeint. Insgesamt können aber alle Dimensionen von Heterogenität für Differenzierungsmaßnahmen relevant sein, insofern sie Einfluss auf das Lernen der Kinder nehmen, so z.B. interpersonelle Unterschiede im Bereich von Interesse, Kommunikationsfähigkeit, Selbstständigkeit, Motivation, Lerngeschwindigkeit oder Konzentrationsfähigkeit. Differenzierung ist jedoch nicht nur eine Reaktion auf Heterogenität, sondern steigert diese in mancherlei Hinsicht auch. Faktisch wird die Unterschiedlichkeit der Schülerinnen und Schüler im individualisierenden Unterricht nicht kleiner, sondern größer. Jürgen Baumert zufolge kann daher steigende Leistungsheterogenität durchaus als

Indikator für einen erfolgreichen, binnendifferenzierenden Unterricht betrachtet werden, insofern die individuelle Förderung und Forderung der Schülerinnen und Schüler Abstufungen der Leistungserwartungen erforderlich macht. Da sich in der Regel auch in einem am Prinzip der Individualisierung orientierten Unterricht Phasen individuellen und gemeinsamen Lernens abwechseln, fließt die durch individualisiertes Lernen verstärkte Leistungsheterogenität wiederum in den Gruppenunterricht ein, wobei in der Bielefelder Laborschule die Erfahrung gemacht wurde, dass leistungsheterogene Gruppen produktiv zusammenarbeiten und sich wechselseitig z.B. durch gegenseitige Ergänzung und Unterstützung anregen (von der Groeben 2008).

Die Umsetzung der unterschiedlichen Differenzierungsmaßnahmen stellt hohe Anforderungen an das diagnostische und organisatorische Können der Lehrkräfte und ist daher als Kernstück der professionellen pädagogischen Handlungskompetenz zu betrachten. Aus diesem Grunde setzen auch die 2004 von der Kultusministerkonferenz beschlossenen „Standards für die Lehrerausbildung" u.a. einen Schwerpunkt in den Bereichen „Differenzierung" und „Diagnose und Förderung individueller Lernentwicklungen" (vgl. KMK 2004). Differenzierung macht es erforderlich, *diagnostische* Informationen über Leistungsstärken und -schwächen in pädagogisch-didaktische Entscheidungen einfließen zu lassen, die einzelne Schüler oder Schülergruppen betreffen. Eine hohe diagnostische Kompetenz führt nicht per se zur Verbesserung der Unterrichtsqualität, sondern nur, wenn daraus geeignete Förder- und Strukturierungsmaßnahmen erwachsen. Im Rahmen der Münchener Hauptschulstudie zeigte sich, dass eine hohe diagnostische Kompetenz und viele differenzierte Strukturierungshilfen den Lernerfolg der Schülerinnen und Schüler erhöhen. Dagegen sind Differenzierungsmaßnahmen bei unterdurchschnittlicher diagnostischer Kompetenz der Lehrkraft ungünstig (vgl. Helmke 2007, S. 94). Vor dem Hintergrund der verschiedenen Formen der Differenzierung, die in Abhängigkeit von der diagnostischen Expertise einer Lehrkraft umgesetzt werden, stellt sich die Frage, ob sich die Forderung nach *Individualisierung* mit der *Standardisierung* von Bildungszielen ohne logische Widersprüche vereinbaren lässt.

Diese Frage führt zu kontroversen Diskussionen im pädagogischen Fachdiskurs. Kaspar Spinner sieht die Gefahr einer „Standardisierung des Schülers" und einer Uniformierung des Unterrichts, wenn die Vielfalt möglicher Aneignungsformen und Zugänge zur Welt im Denken, Fühlen und Handeln reduziert wird auf die verbindlich festgelegten und kognitiv enggeführten Zielperspektiven der Bildungsstandards (vgl. Spinner 2005). Entsprechend sieht Peter Zedler in Bildungsstandards eine undifferenzierte Normierung der Bildungsziele für sämtliche Schülerinnen und Schüler einer Altersgruppe, die von den inhomogenen Lernvoraussetzungen der Lerngruppen absieht und somit dem Anspruch der Individualisierung widerspricht (vgl. Zedler 2007). Offensichtlich steht eine Anpassung der schulischen Bildungsziele an die Individualität der Schülerinnen und Schüler der Orientierung an einem festgefügten Curriculum entgegen. So ist es seit der Einführung von Vergleichsarbeiten und zentralen Abschlussarbeiten z.B. in einer Hauptschulklasse nur sehr eingeschränkt möglich, den Unterricht stärker an den jeweiligen praktischen Interessen und Fähigkeiten der Schülerinnen und Schüler auszurichten und im Gegenzug Abstriche in der Umsetzung des offiziellen Curriculums hinzunehmen.

Differenzierungen sind im Kontext von Standardisierung jedoch in Bezug auf die Anpassung der verbindlichen curricularen Bildungsziele an die Lernvoraussetzungen der Schülerinnen und Schüler erstrebenswert. Diese Absicht wird auf der Ebene der Lernziele durch die Ableitung und Graduierung proximaler Kompetenzen aus den Bildungsstandards realisiert. Kompetenzstandards werden auf diese Weise so aufbereitet, dass ein gestufter Kompetenzerwerb in individueller Progression möglich wird *(vgl. Kapitel 4.1 und 4.2)*. Auch im Hinblick auf die *Unterrichtsmethodik* ist das Prinzip der Individualisierung mit der Standardisierung von Bildungszielen vereinbar. Differenzierung kann im kompetenzorientierten Unterricht spezifiziert werden als *„größtmögliche Vielfalt der Lernwege"*, mittels derer die Schülerinnen und Schüler die normierten Kompetenzziele der Bildungsstandards erreichen können (Lankes 2006b, S. 22). Die Notwendigkeit der Differenzierung der Lernwege, die zu standardisierten Kompetenzzielen führen, gewinnt mit der zunehmenden *Heterogenität* der Schülerschaft immer stärker an Bedeutung.

Die verschiedenen Formen der inneren Differenzierung orientieren sich somit an den Bildungsstandards, die formulieren, was von allen Schülerinnen und Schülern erreicht und gelernt werden soll. Diese Anforderungen sind gegenüber den Schülern und ihren Eltern offen zu legen, damit eine weitestgehende Transparenz der Feststellung und Beurteilung der erbrachten Leistungen gewährleistet werden kann. Das Prinzip Fördern und Fordern knüpft hier an und zielt darauf, einerseits Leistungen, die den Mindestanforderungen nicht entsprechen, durch gezielte Lernangebote und Unterstützungen anzuheben, und andererseits besondere Kompetenzen, die über diese Anforderungen hinausgehen, durch geeignete Maßnahmen herauszufordern und zu vertiefen. Der Unterricht basiert somit auf einem für alle Lernenden verbindlichen *Fundamentum* und wird ergänzt durch ein vertiefendes und anspruchsvolles *Additum*, von dem man wiederum zu einem neuen gemeinsamen Fundamentum zurückkehrt (von der Groeben 2008, S 58). Das Fundamentum verbürgt eine gemeinsame Arbeitsgrundlage in der Lerngruppe und verhindert einen *Scheren-Effekt*, d.h. ein im gemeinsamen Unterricht nicht zu überbrückendes Auseinanderklaffen der Lernstände der leistungsstarken und leistungsschwachen Schülerinnen bzw. Schüler.

Damit die Lehrkräfte alle Kinder und Jugendlichen besser fördern können als bisher, müssen sie wissen, welche Fähigkeiten und Fertigkeiten als Voraussetzung für den Erfolg eines Bildungsgangs gelten können. Bisher war diese Einschätzung primär von den persönlichen Erwartungen und Vorstellungen der Lehrkräfte geprägt (vgl. Becker 1995, S. 179). Die damit einhergehende Subjektivität der Kompetenzdiagnose mag dazu geführt haben, dass Lehrkräfte in der PISA-Studie gravierende Leistungsdefizite ihrer Schülerinnen und Schüler beim Lesen nur zu 11% erkannt haben (Deutsches PISA-Konsortium 2001, S. 119f.). Die Festlegung einheitlicher Standards und Anforderungsbereiche, die angestoßene Entwicklung von Kompetenzstufen sowie die darauf abgestimmten Differenzierungs- und Förderkonzepte sollen dazu dienen, Schulen auf die Sicherung elementarer und zum Schulerfolg führender Bildung zu verpflichten, wodurch die Erfolgschancen insbesondere von Schülerinnen und Schülern mit bildungsfernem familiärem Hintergrund verbessert werden könnten.

Differenzierungsmaßnahmen werden im kompetenzorientierten Unterricht in der Regel im Hinblick auf *Niveaus der Beherrschung fachspezifischer Kompetenzen* vorgenommen. Diesen Niveaustufen können dann Materialien und Aufgaben mit unterschiedlichen Anforderungen zugeordnet werden. Differenzierung bedeutet hier die Stufung des Lernangebotes in Hinblick auf verschiedene Niveaus der Kompetenzbeherrschung. Daraus ergibt sich ein Verständnis von individueller Förderung als Unterstützung der Schülerinnen und Schüler, zunehmend Anforderungen und Aufgaben auf einem höheren Kompetenzniveau zu bewältigen. Mit dieser Zielorientierung ist der Anspruch verbunden, die Dominanz quantitativer Differenzierungsmaßnahmen in der deutschen Schulpraxis zu überwinden, die z.B. in der IGLU-Studie (Internationale Grundschul-Lese-Untersuchung) im internationalen Vergleich in Bezug auf den Leseunterricht nachgewiesen wurde. Im Unterschied zum Leseunterricht in Schottland, England, Schweden und den Niederlanden, in dem häufig Lesematerialien auf unterschiedlichem Niveau eingesetzt werden, „verwenden die meisten Kinder (in Deutschland, E.D.) das gleiche Material, haben aber unterschiedlich viel Zeit für die Bearbeitung desselben zur Verfügung" (vgl. Hornberg/Bos 2007, S. 177). Mit Bildungsstandards und Graduierungen von Kompetenzen soll nun die vorherrschende Differenzierung durch unterschiedliche Bearbeitungszeit ergänzt werden durch Materialien und Medien auf unterschiedlichem Niveau. Ein interessantes Beispiel für ein auf Niveaustufen basierendes Differenzierungs- und Förderkonzept beinhalten z.B. die neuen Fibeln und Sprachbücher aus dem Duden-Verlag, die Aufgabendifferenzierungen auf vier verschiedenen Stufungen vornehmen sowie Lernstandserhebungen und ergebnisbezogene Fördermaterialien anbieten. Beispiele, wie Lehrer Aufgaben auf unterschiedlichen Anforderungsniveaus konstruieren können, finden sich zudem im unterrichtspraktischen Teil dieser Arbeit *(vgl. Kapitel 5)*.

4.4.3 Aktiver Kompetenzerwerb und neue Aufgabenkultur

Die auf funktionale Kompetenzen bezogenen Bildungsstandards verlangen von den Schülerinnen und Schülern ein höheres Maß an eigenständigem Lernen. Methoden, die zum aktiven Kompetenzerwerb und zur problemorientierten Anwendung von Wissen auffordern, gewinnen deshalb im Umkreis kompetenzorientierter Unterrichtskonzepte an Aktualität. Auf der makromethodischen Ebene des Unterrichts zählen dazu vor allem offene Lernformen wie z.b. Plan-, Stations-, Frei- oder Projektarbeit und darauf bezogene konstruktivistische Konzeptualisierungen selbstorganisierten und situierten Lernens (vgl. Drieschner 2007). Der Plenumsunterricht bleibt zumeist auf die Hinführungs- und Sicherungsphase begrenzt und dient mit Herbert Gudjons gesagt „der Vorbereitung und Begleitung eigenständiger Lernprozesse der Lernenden" (Gudjons 2007, S. 36f.). Kompetenzorientierter Unterricht steht jedoch nicht für eine wiederkehrende Polarisierung zwischen instruktivistischen und selbstständigen Lernformen, sondern für eine neue Verhältnisbestimmung, um die Wirksamkeit schulischen Lernens zu verbessern. Das übergeordnete didaktische Ziel besteht in der *Steigerung der Effektivität* schulischen Lernens, „indem die aktive, aufgabenbezogene Lernzeit der Schüler ins Zentrum der pädagogisch-didaktischen Maßnahmen gerückt wird" (Jürgens 2006, S. 281). Wichtige Fähigkeiten, Fertigkeiten und Einstellungen können nur begrenzt instruktiv vermittelt werden, sie werden vielmehr individuell durch die Auseinandersetzung mit verschiedenen Aufgaben erworben. Die Kompetenz z.B. zur Auswahl einer passenden und zu bewältigenden Schreibidee muss von Schülerinnen und Schülern in konkreten Schreibsituationen, d.h. in sinnvollen Aufgabenzusammenhängen, erarbeitet werden. Gleiches gilt für die Fähigkeit, Texte genau zu lesen und Informationen zu suchen, um nur ein weiteres Beispiel zu nennen. Kompetenzorientierter Unterricht kann daher als *aufgabenbasiert* bezeichnet werden (vgl. Vortmann/Werlen 2006).

Um die „aufgabenbezogene Lernzeit" auszuweiten, übernehmen Lehrkräfte in den Erarbeitungsphasen des kompetenzorientierten Unterrichts vielfach die Rolle von ‚Lernberatern' und ‚Lernbegleitern' und konzentrieren sich darauf, den Kindern und Jugendlichen differenzierte Unterstützungsangebote zu unterbreiten. Im Unterschied zur reformpädagogischen Tradition werden selbstständige Lernformen jedoch mit verbindlichen Kompetenzerwartungen verbunden – ein notwendiges Korrektiv, um subjektivistischen Verengungen des Lernens entgegenzuwirken.

Eine neue didaktisch-methodische Herausforderung und Kernaufgabe liegt damit insgesamt in der Umsetzung von Kompetenzbeschreibungen in Aufgabenformate, mit denen Fähigkeiten, Fertigkeiten und Einstellungen in sinnvoller Niveaustufung angebahnt, gefestigt und gesteigert werden können. Mit dieser Zielsetzung tragen Bildungsstandards zu der Entwicklung einer neuen Kultur von Aufgabenformaten bei, die das Lernen der Schülerinnen und Schüler steuern, indem sie „Kompetenzen vermitteln sowie Standards sichern bzw. überprüfen" (Eikenbusch 2008, S. 6). Folgende Merkmale kompetenzorientierter Aufgaben werden in der Literatur wiederholt genannt:

Kompetenzorientierte Aufgaben sind relativ offen formuliert und auf komplexe Anforderungssituationen bezogen, wobei die Offenheit gezielte Überlegungen der Lehrkraft voraussetzt, welche Kompetenzen in der Auseinandersetzung mit einer Aufgabe entwickelt werden können. So entsteht eine didaktisch produktive Verknüpfung von *klarer Zielorientierung* und *unterschiedlichen Formen der Zielerreichung*, die den Schülerinnen und Schülern transparent gemacht werden muss. Solchermaßen angelegte Aufgaben gehen von den Einfällen, dem Wissen und den Fragen der Lernenden aus, lassen divergentes Denken zu und eröffnen die Möglichkeit, eigene Lern- und Lösungswege zu finden (‚problemorientiertes Lernen'). Verbindliche Kriterien, die vorab an ein Lernergebnis gestellt werden, stellen die klare Zielorientierung sicher. Zudem sollen kompetenzorientierte Aufgaben nach Maßgabe des in *Literacy*-Konzepten vermittelten Leitbildes der ‚Verwertbarkeit' schulischen Lernens *(vgl. Kapitel 3.1)* eingebunden sein in ‚authentische', ‚multiple' und ‚anwendungsbezogene' Kontexte, in denen Kompetenzen kumulativ und vernetzt aufgebaut werden (vgl. Abraham u.a. 2007; Eikenbusch 2008; Rohde-Clare 2008). Gerhard Eikenbusch zufolge stellt dieser Wechsel der didaktischen Perspektive „von Ergebnissen zu Kompetenzen" an Aufgabenformate insgesamt den Anspruch, „unterschiedliche und übertragbare, für das Fach und die Lebenswelt des Schülers bedeutsame Anforderungen" abzubilden, die erfolgreich bearbeitet werden können durch „Wissen, kognitive Fähigkeiten, Motivation, Kommunikation sowie die Einstellung zum Fach bzw. zum Lernen im Fach" (ebd., S. 8). Dominic Bernhard u.a. ergänzen die gegenwärtige Diskussion, indem sie auf die Notwendigkeit hinweisen, die Konzeptualisierung von neuen Aufgaben stärker an bestehendes fachdidaktisches, pädagogisches und lernpsychologisches Wissen über die Gestaltung effektiver Lernumgebungen anzubinden (vgl. Bernhard u.a. 2008).

Wenn im Vorigen von Aufgaben die Rede war, dann in ihrer Funktion als *Lernaufgaben*. Davon abzugrenzen sind *Evaluationsaufgaben*, die im Rahmen von Lerndiagnostik sowie bei Vergleichsarbeiten und zentralen Prüfungen Verwendung finden. Auch wenn sich beide Aufgabenarten inhaltlich auf die Bildungsstandards beziehen, ist ihr funktioneller Unterschied evident: Testaufgaben müssen psychometrischen Anforderungen entsprechen und dienen der Feststellung des augenblicklichen Leistungsstandes. Lernaufgaben entsprechen dagegen dem unterrichtspraktischen Implementierungsauftrag von Bildungsstandards und sind auf pädagogisch gestützte und begleitete Lernprozesse bezogen (vgl. Speck-Hamdan 2007, S. 92). Während Evaluationsaufgaben notwendiger Weise reduktionistisch angelegt sind, damit abgrenzbare Teilfähigkeiten überprüfbar gemacht werden können, verknüpfen Lernaufgaben verschiedene Kompetenzen und Kompetenzbereiche in kreativen und fachdidaktisch gehaltvollen Arbeitsaufträgen. In der didaktischen Diskussion wurde vielfach problematisiert, dass Bildungsstandards häufig über die wirkungsmächtigeren Evaluationsaufgaben in die Unterrichtspraxis einfließen und auf diese Weise einen didaktisch verarmten Unterricht im Sinne eines ‚Teaching to the Test' begünstigen. Im Gefolge diskutierten Didaktiker kontrovers die Frage, ob und in welchem Umfang Evaluationsaufgaben auch für Unterrichtszwecke Verwendung finden sollen, um Schülerinnen und Schüler auf die Aufgabenformate von Vergleichsarbeiten und zentralen Prüfungen vorzubereiten. Gegen die unterrichtliche

Nutzung von Evaluationsaufgaben zu Lernzwecken wurde eingewendet, dass daraus in der schulischen Praxis eine problematische Verwechslung von Leistung und Kompetenz und von Lernen und Überprüfen entstehen könnte (vgl. Drieschner 2008). Letztlich wird es aber auf einen problembewussten Einsatz von Evaluationsaufgaben ankommen, wie Karin Rohde-Clare abwägend feststellt: „Wer seinen Unterricht nur auf Aufgabenformate von Lernstandserhebungen und Tests bauen würde, der würde den Aspekt der Lernaufgaben, vor allem in Kontexten eingebunden, stark vernachlässigen. Wer sich allerdings mit solchen Aufgabenformaten im Unterricht gar nicht auseinandersetzt, der bereitet seine Schüler eventuell nicht nur schlecht auf die Prüfungen vor, er bringt sie auch um die Möglichkeit, stärker leistungsbezogene, punktuelle Aufgaben zu bewältigen" (vgl. Rohde-Clare 2008, S. 29).

5 Planungsbeispiel einer Unterrichtseinheit zur Entwicklung von Lese- und Schreibkompetenz in einem dritten Schuljahr am Thema ‚Märchen und märchenhafte Welten'

Da die Bildungsstandards im Fach Deutsch für den Primarbereich mit Beschluss der Kultusministerkonferenz vom 15.10.2004 bundesweit verbindlich wurden und auf Länderebene in die Erarbeitung von Bildungsplänen und Kerncurricula eingegangen sind, stellt sich für Lehrerinnen und Lehrer die Aufgabe, Wege zur praktischen Arbeit mit diesen neuen curricularen Vorgaben zu entwickeln und zu beschreiten. Ausgehend von den in *Kapitel 4* vorgestellten Modellen kompetenzorientierten Unterrichtens soll in der nachfolgend dokumentierten Unterrichtseinheit zur Entwicklung von Lese- und Schreibkompetenz beispielhaft erprobt worden, wie Bildungsstandards für die Unterrichtsplanung und -reflexion verwendet werden können. Inhaltlich bezieht sich diese Unterrichtsreihe, die im Oktober und November 2007 in einer 3. Klasse einer niedersächsischen Grundschule durchgeführt wurde, auf das Thema ‚Märchen und märchenhafte Welten', einem klassischen Thema des Deutschunterrichts an Grundschulen, das kompetenztheoretisch erschlossen und konzeptualisiert wird.

Wie auch bei der inhaltsorientierten Unterrichtsplanung stellt sich bei der Konzeption kompetenzorientierter Unterrichtseinheiten in einem ersten Schritt die Frage nach den *allgemeinen Lernvoraussetzungen* der Schülerinnen und Schüler. Unter kompetenzorientierten Gesichtspunkten ist bei dieser Bedingungsanalyse besonderes Gewicht auf ihre bisher verfügbaren Kenntnisse, Fähigkeiten und Einstellungen zu legen, wobei nicht nur fachliche, sondern auch Sozial-, Arbeits- und Lernkompetenzen angemessen zu berücksichtigen sind. Dabei können Bildungsstandards wie in der ‚Klieme-Expertise' gefordert als Hilfe zur Lernstandsdiagnose genutzt werden *(vgl. Kapitel 2.4)*, indem die ausgewiesenen Kompetenzbereiche und Kompetenzen als kriterienorientierte Bezugsnormen für Evaluationszwecke herangezogen werden. Entlang der Systematik der Bildungsstandards kann dementsprechend eine strukturierte Dokumentation der allgemeinen Lernvoraussetzungen im Sinne einer *Kompetenzbeschreibung* erstellt werden, die im Unterschied zu Kompetenztests eine qualitative und unterrichtsbegleitende Form der Diagnostik darstellt, die auf der kontinuierlichen strukturierten Beobachtung der Lernenden basiert. Erst unter dieser Perspektive kommen in der Darstellung der allgemeinen Lernvoraussetzung die bereits im Unterricht behandelten Themen und Inhalte in den Blick. Eine solche Kompetenzbeschreibung soll in *Kapitel 5.1* geleistet werden. In einem zweiten Schritt stellt sich die Aufgabe, Themen und Inhalte der geplanten Unterrichtseinheit und die daran zu erarbeitenden Kompetenzen aufeinander zu beziehen *(Kapitel 5.2)*. Sodann erfolgt die Dokumentation der gesamten Unterrichtseinheit *(Kapitel 5.3)* und eine ausführliche Darstellung und Reflexion von zwei ausgewählten Lernsequenzen *(Kapitel 5.4)*.

5.1 Allgemeine Lernvoraussetzungen

Die Klasse setzt sich aus 8 Jungen und 12 Mädchen zusammen. Zwischen der Schülerschaft und der Lehrperson im Fach Deutsch hat sich eine positive und vertrauensvolle Beziehung entwickelt. Dies zeigt sich u.a. an der Aufgeschlossenheit und Kooperationsbereitschaft der Kinder, ihrer Fähigkeit zu konstruktiver Kritik und ihrer Bereitschaft, sich bei den verschiedenen Problemen des Schul- und Unterrichtsalltags an die Lehrkraft zu wenden.

Die Mehrheit der Kinder stammt aus offensichtlich intakten Familien mit kindgemäßem Anregungs- und Förderungspotential. Einige

Schülerinnen und Schüler bringen eher ungünstige familiale Voraussetzungen mit, wie u.a. die ökonomische Deprivilegierung der Familie oder die mangelnde mütterliche bzw. väterliche Ansprache, Unterstützung, Behütung oder Aufforderung zur Selbsttätigkeit. Die komplexen Einflussfaktoren durch das familiale Umfeld auf das Erleben und Verhalten der Heranwachsenden in der Schule können an dieser Stelle nur erwähnt und nicht näher expliziert werden.

Bei den meisten Kindern entspricht das *Arbeits- und Sozialverhalten* den Erwartungen. Einschränkungen sind zu konstatieren bei einer kleinen Gruppe von Kindern, die sich häufig in den Mittelpunkt drängen und exklusive Aufmerksamkeit und Ansprache sowohl von den Mitschülern als auch von der Lehrkraft erfahren wollen. Ein Mädchen, nennen wir sie Merle, scheint sich geradezu ,hilflos' zu fühlen, wenn sie nicht im Zentrum des Geschehens stehen darf, so als ob sie dann die Kontrolle über die Situation verlieren würde. Offenbar findet sich Merle noch nicht im ausreichenden Maße in der geordneten Welt der Dinge, der Kinder und der Schule zurecht, obgleich schon deutliche Fortschritte in ihrem Sozialverhalten festzustellen sind. Ihr Arbeitsverhalten ist gekennzeichnet durch eine ausgeprägte Leistungsmotivation. Sie versucht die Anerkennung der Lehrerinnen und Lehrer über schulischen Erfolg zu erlangen. Gleichzeitig fällt bei ihr eine besondere Verletzlichkeit bei vermeintlichen Misserfolgen auf, die sie dann durch demonstrative Gleichgültigkeit überspielt.

Einige Kinder haben teilweise noch Probleme mit den weniger lustbetonten Anforderungen schulischen Lernens. Ihnen fehlt mitunter die Möglichkeit, ein distanziertes Verhältnis zu ihren unmittelbaren Befindlichkeiten wie Unlust, Lust und Spaß aufzubauen, um so das eigene Verhalten besser zu steuern. Dies zeigt sich z.B. in Trödeleien, bevor ungeliebte Aufgaben angegangen werden, oder in dem Versuch, sich möglichst schnell einer ,Last' zu entledigen, was zuweilen auf Kosten von Gründlichkeit und Ordentlichkeit geht. Alters- und entwicklungsbedingt ist freilich der Bedürfnisaufschub nicht immer rigide von Lehrerseite aus einzufordern und durchzusetzen. Zur *Selbst-, Sozial- und Lernkompetenz* gehört aber die Ausbildung einer konstanten *Arbeits- und Lernbereitschaft*, an der die Lehrkraft mit den Kindern kontinuierlich arbeitet. Diese vom bekannten Psychoanalytiker Erik Erikson (1966) als „Werksinn" bezeichnete und psychosozial als überaus wichtig erachtete Haltung gegenüber schulischen Anforderungen versucht die Lehrkraft in der Klasse durch klare Leistungserwartungen, beständige Ermunterung, konstruktive Rückmeldungen sowie durch die besondere Hervorhebung guter Leistungen zu fördern.

Die *motivationalen Lernvoraussetzungen* der Schülerinnen und Schüler sind im Fach Deutsch überwiegend positiv einzuschätzen. Um die gegen-standsbezogene Motivation der Lernenden, d.h. ihr Interesse an der ,Sache' nicht zu korrumpieren, wird von üblichen Verstärker- und Belohnungssystemen wie z.b. der abgestuften Verteilung von ,Sternchen' abgesehen (vgl. Deci/Ryan 1993). Stattdessen bemüht sich die Lehrkraft um differenzierte mündliche und schriftliche Rückmeldungen zu den erbrachten Schülerleistungen. Besonderes Interesse zeigen die Kinder am Lesen von Geschichten und Schreiben eigener Texte. Das Lesen von Geschichten sowohl in freier Lesezeit als auch gemeinsam ist kontinuierlicher Bestandteil des Unterrichts. Für das freie Lesen steht den Kindern eine kleine Klassenbücherei wie auch eine größere Schulbücherei zur Verfügung. Lesen und Schreiben werden von der Lehrkraft als untrennbar zusammenhängende Kompetenzfelder betrachtet, die in verschiedenen Unterrichtsreihen zum kreativen Schreiben sowie in einer prozessorientierten Unterrichtseinheit zum Planen, Schreiben und Überarbeiten von Texten integrativ unterrichtet wurden.

Die *Leistungsvoraussetzungen* im Fach Deutsch sind vergleichsweise hoch, wobei eine inter- und intrapersonale Variabilität in der Ausprägung von Kenntnissen, Fähigkeiten und Einstellungen festzustellen ist. Im Folgenden soll der Leistungsstand der Kinder entlang zentraler Kompetenzbereiche der Bildungsstandards eingeschätzt werden. Obgleich die geplante Unterrichtseinheit die Entwicklung *von Lese- und Schreibkompetenz* fokussiert, wird auch auf die Kompetenzbereiche ,*Sprechen und Zuhören*' sowie ,*Sprache und Sprachgebrauch untersuchen*' eingegangen, weil sie elementare sprachlich-kommunikative Grundfertigkeiten benennen, die in jeder Unterrichtsreihe eine Rolle spielen. Im Folgenden kann jedoch nur eine Grobeinschätzung unter besonderer Berücksichtigung der Leistungsspitzen und der leistungsschwächeren Kinder gegeben werden, da in einer allgemeinen Betrachtung der Lernvoraussetzungen nicht auf jeden einzelnen Standard der Kompetenzbereiche dezidiert eingegangen werden kann. Eine grundsätzliche Schwierigkeit besteht darin, dass für die Jahrgangsstufe 3 nicht nur in den KMK-Standards, sondern auch im niedersächsischen Kerncurriculum keine Kompetenzstandards benannt werden, weshalb der Lernstand der Kinder zwischen den Bildungsstandards für die Klasse 4 und den im Kerncurriculum aufgeführten Kompetenzen für die Klasse 3 vermessen werden muss.

Das Leistungsvermögen im *Kompetenzbereich Sprechen und Zuhören* entspricht bei den meisten Lernenden den in den Standardbeschreibungen verbindlich gemachten Erwartungen. Diese Einschätzung basiert auf ihrer kontinuierlichen Beobachtung in den verschiedensten kommunikativen Situationen des Unterrichts. Alle Kinder sind zunehmend in der Lage, Gesprächsregeln zu beachten, sich an der Standardsprache zu orientieren, verständigungsorientiert zu diskutieren sowie über ihre Lernerfahrungen zu sprechen. Dass gerade im Unterrichtsalltag Ausnahmen in diesem wie auch in den folgenden Kompetenzbereichen die Regel bestätigen, erscheint selbstverständlich. Kompetenzen sind schließlich keine starren und automatisierten Verhaltenssysteme, kein einheitliches und auf Dauer gestelltes Sein *(vgl. Kapitel 3.1)*. Insgesamt ist der Kompetenzerwerb als kumulatives Geschehen langfristig angelegt. Deswegen kann man sagen, dass Kinder in Abhängigkeit ihrer aktuellen Befindlichkeiten wie u.a. Entspannung/Anspannung, Müdigkeit/Wachheit oder Konzentration/Ablenkung und der spezifischen Ausprägung der Anforderungssituation ihre erworbenen Kompetenzen besser oder schlechter einsetzen können. Im Sinne eines langfristigen und nachhaltigen Kompetenzerwerbs legt die Lehrkraft beständig großen Wert auf das Einhalten von Gesprächsregeln und hält die Schülerinnen und Schüler zu verständlichen Äußerungen, zum verstehenden Zuhören und gezielten Nachfragen an. Situationen, in denen diese kommunikativen Kompetenzen ausgebildet werden können, sind wöchentliche Erzählkreise, kooperative Sozialformen wie Gruppen- und Partnerarbeit, die kontinuierlich bei der Arbeit mit einer Rechtschreibkartei oder bei den verschiedenen Planarbeiten vorkommen, sowie das gemeinsame themenbezogene Unterrichtsgespräch, bei dem alle Klassenmitglieder aufgefordert sind, den Gesprächsfaden zu halten. Im Literaturunterricht werden Sprechsituationen geschaffen, in denen eigene Gefühle und Gedanken oder die von literarischen Figuren angemessen zum Ausdruck gebracht werden sollen. Solche Sprechanlässe sind bei der Entwicklung kommunikativer Kompetenz unerlässlich, weil sie mit der Übernahme anderer Perspektiven auf eine Grundvoraussetzung kommunikativen Handelns zielen. Besonders gute Leistungen im Kompetenzbereich Sprechen und Zuhören erbringen eine Reihe von Kindern, die über ein gut ausgebildetes Sprachbewusstsein verfügen, themenzentriert kommunizieren können und zunehmend in der Lage sind, auf die Beiträge anderer Kinder selbstständig Bezug zu nehmen. Einige Kinder können zwar Gesprächsregeln intellektuell problemlos nachvollziehen und als sinnvoll anerkennen, neigen aber manchmal aufgrund ihres impulsiven Verhaltens dazu, diese Regeln zu durchbrechen. Die Fähigkeit zur Perspektivenübernahme ist im Unterschied zu älteren Theorieannahmen der Entwicklungspsychologie bei den Kindern der Klasse gut ausgebildet, wie in verschiedenen Übungen zum perspektivierten Schreiben und Sprechen gezeigt werden konnte.

Im *Kompetenzbereich Sprache und Sprachgebrauch untersuchen* lag der Schwerpunkt des Unterrichts auf der *Analyse sprachlicher Verständigung,* die in den KMK-Standards explizit ausgewiesen ist, im niedersächsischen Kerncurriculum jedoch unberücksichtigt bleibt. Zu diesem Kompetenzbereich wird seit der 1. Klasse verknüpft mit einem Gewaltpräventionsprojekt gearbeitet. Hier werden Verstehens- und Verständigungsprobleme im Zusammenhang mit dem scheiterungsanfälligen Verhältnis von Absicht und Wirkung sprachlicher Aussagen analysiert. Nach Einschätzung der Lehrkraft verfügen die Kinder diesbezüglich bereits über ein hohes Maß an Sprachbewusstheit, das ihnen hilft, Konflikte mit Mitschülern kommunikativ zu lösen.

Der *Kompetenzbereich Schreiben* ist gegliedert in die Teilkompetenzen „Schreibfähigkeiten", „richtig schreiben" und „Textschreiben" *(vgl. Kapitel 3.2). Schreibfähigkeiten* umfassen die Formklarheit und Lesbarkeit der Schrift sowie die zweckmäßige Gestaltung von Texten. Diese Fähigkeiten wurden in diversen kommunikativen Schreibsituationen wie dem Verfassen von Postkarten, Briefen, Rezepten und der Erstellung eines Geschichtenbuchs entwickelt und geprüft. Hier lassen sich geschlechtsspezifische Unterschiede in der Klasse feststellen, insofern die Mädchen durchschnittlich über bessere Schreibfähigkeiten verfügen als die Jungen. Spezielle Förderung zur Verbesserung des Schriftbildes und zur Strukturierung von Texten ist allerdings nur bei wenigen Schülern notwendig. Im Bereich *Orthographie* fällt wiederum eine Leistungsschere zwischen den Kindern auf. Der Rechtschreibunterricht verläuft ab dem 2. Schuljahr in individueller Progression nach der Rechtschreibkartei des Cornelsen Verlages (CVK). Wichtige orthographische Strategien werden parallel dazu im Klassenunterricht instruktiv vermittelt und geübt. Die fortlaufende Durchsicht der Schülertexte zeigt, dass mittlerweile die überwiegende Mehrheit der Kinder lautorientiert nach der so genannten „Pilotsprache" (Mann 1993) unter zunehmender Berücksichtigung des Prinzips der Auslautverhärtung und der Großschreibung von Nomen schreibt, die Wörter des Grundwortschatzes richtig verschriftet, das Wörterbuch selbstständig benutzt und zunehmend Satzgrenzen kennzeichnet. Damit erfüllen sie wesentliche Kompetenzerwartungen, die für das Ende des 2. Schuljahres festgeschrieben sind. Besonders fortgeschritten im Kompetenzerwerb ist eine Gruppe von acht Kindern, die erarbeitete orthographische Strukturen wie z.B. Konsonantenverdoppelung oder die Schreibung von /st/ und /sp/ weitestgehend selbstständig anwenden, wobei es freilich entwicklungsbedingt zu falschen Verwendungen und Übergeneralisierungen kommen kann. Zwei Kinder verfügen über orthographische Kompetenz in anfänglicher Weise. Ihre undeutliche Artikulation führt zu Problemen beim lautgetreuen Schreiben. Zudem haben sich elementare orthographische Regelmäßigkeiten wie etwa die Kennzeichnung von Satzgrenzen noch nicht automatisiert.

Die Teilkompetenz *Textschreiben* umfasst die Bereiche „Texte planen", „Texte schreiben" und „Texte überarbeiten" *(vgl. Kapitel 2.4)*. Kompetenzorientierter Unterricht hat die einzelnen Teilkompetenzen getrennt voneinander zu schulen und prozessorientiert miteinander zu verbinden.

Die Schülerinnen und Schüler haben in einer vor den Herbstferien abgeschlossenen Unterrichtseinheit mit dem Verfahren des Clustering – im Unterricht wurde der anschauliche Ausdruck ‚Gedankensammlung' gewählt – bereits ein Verfahren zur Planung von Geschichten und Sachtexten kennen gelernt. Im differenzierten Unterricht konnten rund drei Viertel der Kinder dieses Verfahren selbstständig erproben. Im Rahmen von Schülerpräsentationen hatten einzelne Kinder die Möglichkeit, ihre Gedankensammlungen und die im Anschluss entstandenen Texte vorzustellen. Mit der Unterstützung durch die Lehrkraft wurden sie dazu angehalten, ihre Gedanken beim Planen und Aufschreiben zu verbalisieren. Die Lehrkraft hat eingangs mit der Methode des ‚Lauten Denkens' den inneren Schreibprozess ‚hörbar' gemacht, um den Schülerinnen und Schülern ein Schreibmodell zu geben. Auch wenn die meisten Kinder erfolgreich mit der Gedankensammlung arbeiten konnten und einen wichtigen Schritt in der Entwicklung ihrer Planungskompetenz getan haben, bevorzugen sie doch nach wie vor Schreibanlässe, bei denen der Planungs- und Schreibprozess durch klare Impulse bzw. zur Verfügung stehende literarische Vorlagen gestützt ist. Neben der Ideengenerierung gehört zum „Texte planen" nach Bildungsstandards auch die Sammlung sprachlicher und gestalterischer Mittel. Die Schülerinnen und Schüler haben Wortfelder zu häufig verwendeten Verben und Adjektiven angefertigt und als Poster im Klassenraum ausgehängt. Daneben wurde das abwechslungsreiche Erzählen durch Übungen zur Verwendung von wörtlicher Rede angeregt. Zudem wurden so genannte ‚Satzanfangsstreifen' ausgehändigt, d.h. schmale Papierstreifen, auf denen abwechslungsreiche Satzanfänge notiert sind. Die Streifen verbleiben in den Schreibheften und können bei jeder Schreibaufgabe genutzt werden. Seit Einführung dieser Schreibhilfen haben sich die Schülertexte stilistisch deutlich verbessert. Die Verständlichkeit und Strukturierung ihrer Geschichten konnten die Kinder durch Übungen zum Geschichtenaufbau verbessern. Sie sind in der Lage, die Bausteine gemeinsam gelesener Geschichten (Überschrift, Einleitung, Hauptteil und Schluss) zu erkennen und zu benennen und diese Struktur für eigene Texte zu nutzen, was sie in einer Klassenarbeit unter Beweis stellen konnten. Allerdings ist es nach wie vor für einzelne

Kinder schwierig, einen pointierten Schluss zu finden, der das Ende des Geschehens klar markiert. Schreibkonferenzen, aus denen Impulse zur Überarbeitung von Texten hervorgehen sollen, wurden zunächst an fremden Mustertexten geübt, bevor mittlerweile auch Schülertexte in kleinen Gruppen diskutiert werden. Anhand vorab festgelegter Überarbeitungskriterien konnten in den Schreibkonferenzen Vorschläge zur Verbesserung von Texten entwickelt werden. Die Schülerinnen und Schüler müssen aber zum Teil noch durch die Lehrkraft motiviert werden, die Hinweise auch tatsächlich umzusetzen. Die Überarbeitung nach Anregungen durch die Lehrkraft und mit Hilfe eines Überarbeitungsbogens ist den Kindern ebenfalls bekannt und führt zu Verbesserungen der Texte.

Besonders vorangeschritten im Kompetenzerwerb im Bereich Textschreiben ist eine Gruppe von sieben Kindern, die bereits nach offenen Impulsen eigene Schreibideen entwickeln können, diese in ideenreichen, phantasievollen und ausführlichen Geschichten realisieren, dabei vorgegebene Textmuster kreativ adaptieren und Texte kriterienorientiert überarbeiten.

Der *Kompetenzbereich Lesen* ist komplex und wird in den Bildungsstandards besonders ausführlich beschrieben *(vgl. Kapitel 2.4)*. Alle Klassenmitglieder verfügen über elementare *Lesefähigkeiten*. Sie können synthetisierend lesen und achten dabei zunehmend auf die richtige silbische Betonung der Wörter – eine Fähigkeit, die für die Sprachdidaktikerin Christa Röber-Siekmeyer (2002) zugleich die grundlegende Voraussetzung für sinnverstehendes Lesen bildet. Nicht nur auf das silbische Lesen wird im Unterricht Wert gelegt, sondern darüber hinaus auch auf das sinngestaltende Vorlesen geübter Texte. Als besonders motivierend hat sich in diesem Zusammenhang das szenische Lesen erwiesen, das in der Klasse ‚Lesetheater' genannt wird. Schwierigkeiten im Übergang zum silbisch orientierten und sinngestaltenden Lesen sind noch bei drei Kindern festzustellen.

Insgesamt verfügen die Schülerinnen und Schüler über grundlegende Leseerfahrungen, können erzählende, lyrische und szenische Texte unterscheiden und machen sich seit Beginn der 3. Klasse zunehmend mit der Anwendung von Lesestrategien vertraut. Die Leseerfahrungen der Kinder sollen im Verlauf des Schuljahres kontinuierlich ausgebaut werden, indem verstärkt Kinderliteratur als Anreger und Ausgangspunkt für vielfältige Prozesse des sprachlichen Kompetenzerwerbs genutzt wird. Konzeptionell orientiert sich der Unterricht am Ansatz des Integrativen Deutschunterrichts nach Bildungsstandards *(vgl. Kapitel 3.2)* und am Konzept der Vernetzung von Sprach- und Literaturdidaktik von Gudrun Schulz (2000).

5.2 Allgemeine didaktische Begründung

Das Ziel dieser Unterrichtseinheit ist die Entwicklung der Kompetenz der Schülerinnen und Schüler in den Bereichen Lesen und Schreiben. In *Kapitel 3.2* wurde erläutert, dass die vielschichtigen Konstrukte Lesen und Schreiben in den Bildungsstandards in einzelne Kompetenzbereiche und zugeordnete Fähigkeiten, Fertigkeiten und Einstellungen aufgefächert werden. Die vielfältigen mentalen Teilleistungen, die beim Lesen und Schreiben erbracht werden, können nicht direkt beobachtet werden, sie werden erst in verschiedenen Anwendungszusammenhängen sichtbar und einer didaktischen Förderung zugänglich. Im Rahmen einer einzelnen Unterrichtseinheit ist es zeitlich und thematisch nicht möglich, alle zu diesen Bereichen angegebenen Kompetenzen in gleicher Weise zu fördern. Im Folgenden stellt sich daher die Aufgabe, eine sinnvolle *Auswahl von Kompetenzen* zu treffen und diese mit dem Rahmenthema der Unterrichtseinheit ‚Märchen und märchenhafte Welten' in Verbindung zu bringen. Eine solche Vernetzung eines Unterrichtsthemas mit Bildungsstandards bildet die Grundlage einer kompetenzorientierten Unterrichtsplanung, sie ersetzt aber nicht die klassische inhaltliche Analyse, welche die Bedeutung des Themas für die Schülerinnen und Schüler in den Blick nimmt. Nach Ziener ist das Thema bzw. der Inhalt einer Unterrichtsreihe daher in zweifacher Hinsicht didaktisch zu reflektieren, „erstens, indem ein Bezug zwischen Inhalten und den Schülerinnen und

Schülern hergestellt wird und zweitens, indem die inhaltlichen Aspekte in Beziehung gesetzt werden zu einem sinnvollen und plausiblen Kompetenzerwerb" (vgl. Ziener 2006, S. 116). Beide Reflexionsschritte, zunächst der klassisch inhaltsorientierte *(Kapitel 5.2.1)* und im Anschluss der neue kompetenzorientierte *(Kapitel 5.2.2)*, sollen im Folgenden vollzogen und aufeinander bezogen werden.

5.2.1 Zur Bedeutung des Themas ,Märchen' im Leben der Kinder

Die Unterrichtseinheit sucht die Entwicklung von Lese- und Schreibkompetenzen durch Aufgabenstellungen zum Rahmenthema ,*Märchen und märchenhafte Welten'* anzuregen. Wenn im Folgenden von Märchen die Rede ist, so sind ausschließlich ,Volksmärchen' gemeint, die anders als ,Kunstmärchen' nicht von einem bestimmten Dichter verfasst wurden, sondern ihren Ursprung in der mündlichen Erzählkultur haben und über Generationen hinweg tradiert wurden. Der Ausdruck ,märchenhafte Welten' verweist auf das Phänomen der Entgrenzung des Märchens in der Kinderliteratur und in Medien für Kinder. Märchenhafte Stoffe, Motive und Erzählstrukturen finden sich u.a. in zahlreichen Disney-Produktionen, in phantastischer Kinderliteratur, Hörspielen oder Gedichten. Das in die Unterrichtseinheit aufgenommene Gedicht „Es gingen drei Kinder durch den Wald" von Josef Guggenmos ist ein Beispiel für die Adaption von Märchenmotiven in anderen literarischen Genres.

In der reformorientierten schulpädagogischen Diskussion der 1970er Jahre galt der Einsatz von Märchen im Unterricht als antiquiert oder sogar reaktionär. Diese Textsorte wurde als grausam, unzeitgemäß und ,moralinsauer' betrachtet. Bis zur breiteren Rezeption des Buches „Kinder brauchen Märchen" von Bruno Bettelheim (1977) waren Märchen durch dieses schlechte Image belastet. Inzwischen sieht man in der pädagogischen Praxis und Forschung u.a. aus folgenden Gründen mehrheitlich die positiven Einflüsse dieser Textsorte auf die Entwicklung von Kindern:

- Märchen spielen eine wichtige Rolle in der *Gegenwart von Kindern*. Sie bilden mit ihrer Welt aus festen Strukturen und Regelmäßigkeiten einen Sicherheit vermittelnden Gegenpol zum beschleunigten, unsicheren und immer komplexer werdenden gesellschaftlichen Leben, das auch in den Alltag der Kinder eindringt. Ermutigend und beruhigend wirken Märchen aufgrund des von ihnen ausgehenden Lebensoptimismus. Selbst in der scheinbar ausweglosesten Situation sind die Märchenhelden nicht verloren, sondern dürfen auf ein gutes Ende hoffen.
- Märchen haben auch eine in die *Zukunft* hineinwirkende Bedeutung für die Persönlichkeitsentwicklung von Kindern. Wie Bettelheim betont, können Kinder innere Konflikte und Ängste, die sie in ihrer psychischen Entwicklung in Fantasien ausleben und überwinden, mit Hilfe von Märchen erfassen. Ob es sich um Enttäuschung, Ohnmacht, Geschwisterrivalität, Pflicht, Angst oder die Entwicklung von Ich-Stärke handelt, Märchen bieten eine Vergegenständlichung existentieller Erfahrungen und Probleme des Aufwachsens. Auf diese Weise stiften sie Ordnung im inneren Erleben. Sie führen den Kindern bildhaft moralische Orientierungen vor Augen, die sie in ihrem eigenen Leben aufgreifen können.
- Märchen thematisieren *exemplarisch* Grundthemen der menschlichen Existenz, die Kinder in ihrer Entwicklung beschäftigen. Diese Urerfahrungen des Menschseins kommen nach Carl G. Jung als Archetypen in Religionen, Träumen, Mythen, symbolischen Bildern und Märchen zum Ausdruck.
- Märchen sind den Kindern sprachlich und thematisch unmittelbar *zugänglich*. In einfachen Worten berühren sie die häufig unbewusst bleibenden Seiten der menschlichen Seele.

5.2.2   *Märchen und die Entwicklung von Lese- und Schreibkompetenz*

Die Begegnung mit Märchen hat nicht nur positive Auswirkungen auf die psychische Entwicklung des Kindes. Märchen und märchenhafte

Texte sind nach Gudrun Schulz (2005) auch besonders gut geeignet, um an ihnen zentrale Lese- und Schreibkompetenzen zu erwerben. Mit Verweis auf Studien aus der Gedächtnispsychologie, Schreibforschung und Rezeptionsästhetik nennt Schulz u.a. folgende Gründe für den günstigen Einfluss der Lektüre und der produktiven Auseinandersetzung mit Märchen auf die Lese- und Schreibentwicklung:

- Märchen sind emotional positiv besetzt und ziehen Kinder in ihren Bann. Das eigenständige Lesen von Märchen erinnert an intensive frühkindliche Vorleseerfahrungen, die häufig durch eine Sicherheit und Geborgenheit vermittelnde Atmosphäre gekennzeichnet sind. Daraus kann sich eine positive Hinwendung zu Büchern entwickeln, die lebenslang anhält.
- Märchen fördern in besonderem Maße die Entwicklung der Imaginationsfähigkeit.
- Die Vorstellungsbilder der Kinder verknüpfen sich mit eigenen Assoziationen, Gefühlen und Stimmungen, da Märchen existentielle Themen des Menschseins und anthropologische Grunderfahrungen ansprechen, die Kinder beim Aufwachsen beschäftigen (so z.B. der Konflikt zwischen Groß und Klein, Stark und Schwach, Arm und Reich, etc.).
- Die wiederkehrenden Themen, Inhalte, Motive und narrativen Strukturen erleichtern die Antizipation und Hypothesenbildung beim Lesen, weshalb sich Kinder auch neue Märchen leicht erschließen können.
- Der Wiedererkennungseffekt fördert auch die Lesemotivation. Die Lust am Lesen von Märchen entsteht durch das Entdecken vertrauter Strukturen und Motive bei gleichzeitigem Voranschreiten zu neuen Geschehnissen.
- Bei der Märchenrezeption werden beide Gehirnhälften angesprochen und ausgebildet. Satzbau, Worte, Sprüche, formelhafte Wendungen und die Namen der Märchenfiguren aktivieren die linke Hirnhälfte, indessen fordern die hervorgerufenen Emotionen und Imaginationen die rechte Hirnhälfte. Diese beidseitige Aktivierung

des Gehirns begünstigt das „Verstehen und die Behaltensleistung von Märchen und märchenhaften Geschichten auf unterschiedlichen Ebenen." Aufgrund dieser für das Lesen grundlegenden Wahrnehmungs- und Verstehensprozesse besitzen Märchen „eine besondere Bedeutung für das Lesenlernen der Kinder und für die Entwicklung ihrer Lesefähigkeit" (ebd., S. 13).

- Die Erzählstruktur und Sprache von Märchen erleichtert aufgrund ihrer Herkunft und Nähe zur mündlichen Sprache das Erfassen von Informationen beim Lesen.
- Der Übergang von der Mündlichkeit zur Schriftlichkeit als einer der großen Herausforderungen beim Lesen- und Schreibenlernen wird durch den parataktischen Satzbau von Märchen, der der kindlichen Sprechweise entspricht, erleichtert.
- Die Erzählstruktur, die Sprache und die Motive von Märchen können Kinder in ihren eigenen Texten adaptieren. Dieses implizite narrative Wissen stützt ihren Schreibprozess, ebenso wie der emotionale Bezug zum Märchen, der ihnen die Generierung von Schreibideen und -zielen erleichtert (vgl. Schulz 2005, S. 9ff.).

Das von Schulz überzeugend herausgearbeitete Bildungspotential von Märchen für die Entwicklung von Lese- und Schreibkompetenz gilt es nun durch die Zuordnung ausgewählter Bildungsstandards zu konkretisieren. Da die obigen Ausführungen erkennen lassen, dass nicht alle Standards aus den Bereichen Lesen und Schreiben sinnvoll auf der Grundlage von Märchen entwickelt werden können, weil die Auswahl anderer literarischer Texte oder Sachtexte geeigneter erscheint, muss die Zuordnung von Kompetenzen und Inhalten von folgender Frage ausgehen:

Welche der in den KMK-Standards und im Niedersächsischen Kerncurriculum ausgewiesenen Kompetenzen können in der Auseinandersetzung mit dem Lerngegenstand ‚Märchen' sinnvollerweise erworben bzw. weiterentwickelt werden? In Anlehnung an den Vorschlag von Ziener wird diese Zuordnung im Folgenden tabellarisch vorgenommen (vgl. Ziener 2006, S. 64):

Thema: Märchen und märchenhafte Welten	**Lesekompetenz:** • altersgemäße Texte sinnverstehend lesen • lebendige Vorstellungen beim Lesen und Hören literarischer Texte entwickeln • bei der Beschäftigung mit literarischen Texten Sensibilität und Verständnis für Gedanken und Gefühle und zwischenmenschliche Beziehungen zeigen • Kinderliteratur kennen: Werke, Autoren und Autorinnen, Figuren, Handlungen • Textsorten kennen und voneinander unterscheiden • gezielt einzelne Informationen suchen • Texte genau lesen • eigene Gedanken zu Texten entwickeln, zu Texten Stellung nehmen und mit anderen über Texte sprechen • Texte zum Vorlesen vorbereiten und sinngestaltend vorlesen • bei Lesungen und Aufführungen mitwirken • Lesestrategien anwenden • aus Angeboten (Bücherkoffer, Lesekiste) interessengeleitet Texte und Bücher auswählen **Schreibkompetenz:** • Textsortenmuster des Märchens, der Sage und der Fabel zur kreativen Gestaltung eigener Texte nutzen • nach Anregung durch literarische Texte eigene Texte schreiben • Schreibabsicht, Schreibsituation, Adressaten- und Verwendungszusammenhang klären • Texte nach festgelegten Bewertungskriterien und Methoden überarbeiten

Tabelle 4: Zuordnung von Kompetenzstandards zum Thema ‚Märchen und märchenhafte Welten'

Die Tabelle zeigt, welche grundlegenden Lese- und Schreibkompetenzen in der Begegnung mit Märchen in der geplanten Unterrichtseinheit entwickelt werden sollen. Im Unterschied zu Sachtexten ist bei der Lektüre von und der Auseinandersetzung mit Märchen nicht nur die bei PISA im Vordergrund stehende sprachlich-kognitive Dimension des Lesens angesprochen, sondern auch die personale, emotionale und motivationale Seite des Leseverstehens. Die Auswahl und das Arrangement der Standards sucht diese beiden Dimension des Lesens anzusprechen und flexibel miteinander in Beziehung zu setzen. Persönlichkeitsbildende ästhetische Erfahrungen beim Lesen – Kaspar Spinner (2002) zählt hierzu u.a. das subjektive Angesprochensein durch den Text, die Erfahrung von Alterität und die Entwicklung lebendiger Imaginationen – werden in dieser Unterrichtseinheit verbunden mit primär kognitiv ausgerichteten Standards, die auf genaues, sinnerfassendes Lesen und globales Textverstehen ausgerichtet sind. Nur durch die Verbindung dieser Dimensionen kann Lesekompetenz im umfassenden Sinne gefördert werden (vgl. Hurrelmann 2007, S. 26f.). Die Anregungen zur Entwicklung von Schreibkompetenz stehen ebenfalls im Spannungsfeld zwischen kognitiven und kreativen Fähigkeiten.

In *Kapitel 5.4* wird gezeigt, wie aus den ausgewählten Standards Ziele im Sinne proximaler Kompetenzen für einzelne Lernsequenzen abgeleitet und in Aufgabenformaten auf unterschiedlichen Anforderungsniveaus umgesetzt werden können. Die Standards werden dabei so arrangiert und mit Inhalten verbunden, dass ein bis zwei Kompetenzen im Schwerpunkt jeder Lernsequenz stehen und zusätzlich weitere Kompetenzen angesprochen werden. Insgesamt wird auf diese Weise die Arbeit an allen ausgewählten und in der Tabelle ausgewiesenen Standards gewährleistet. Dem Prinzip des *Integrativen Deutschunterrichts* folgend wird darauf geachtet, dass verschiedene Kompetenzbereiche verknüpft werden. Dies geschieht vor allem durch die Kombination von Standards aus den Bereichen Lesen und Schreiben und komplexen Aufgabenzusammenhängen.

5.3 Darstellung des Verlaufs der Unterrichtseinheit

Die Form der folgenden Unterrichtsnotationen nimmt ihren Ausgangpunkt in der Kompetenzexegese im Sinne Zieners (vgl. Ziener 2006, S. 63ff.). Da der Erwerb von Kompetenzen nur kumulativ und an multiplen Inhalten erfolgen kann, sind die Kompetenzziele der Bildungsstandards als Lernziele für Einzelstunden zu komplex *(vgl. Kapitel 4.1)*. Im Rahmen einer Kompetenzexegese muss daher überlegt werden, „a) was ein Kind kann, wenn es über diese Kompetenz verfügt, und b) wie sich der Kompetenzerwerb stuft" (ebd, S. 66). Basierend auf einer so angelegten Auslegung der curricular vorgegebenen distalen Kompetenzbeschreibungen und der Graduierung von Anforderungsniveaus ist dann „ein konkretes Befähigungs- und Stundenziel aus dem jeweiligen Bildungsstandard abzuleiten" (ebd.), das im Weiteren auf den Themenzuschnitt und die methodischen Schritte des Unterrichts bezogen wird.

Die Länge der dokumentierten Unterrichtssequenzen ist nicht in jedem Fall mit einer Unterrichtsstunde gleichzusetzen und wird daher eingangs ausgewiesen. Abschließend folgt eine Reflexion der Stunde unter besonderer Berücksichtigung der Frage, ob und wiefern es gelungen ist, das vorgenommene Ziel des Kompetenzerwerbs zu erreichen.

Lernsequenz I: Entwicklung lebendiger Vorstellungen beim Lesen der Märchen ‚Sterntaler', ‚Frau Holle' und ‚Die drei Wünsche' durch kreative Transformationen der Texte (3 Stunden)

Kompetenzbereiche: Über Lesefähigkeiten verfügen / Texte schreiben
Standards (Schwerpunkte):
- lebendige Vorstellungen beim Lesen und Hören literarischer Texte entwickeln
- Schreibabsicht, Schreibsituation, Adressaten- und Verwendungszusammenhang klären

---

Bezug zu weiteren Standards:

- altersgemäße Texte sinnverstehend lesen
- Kinderliteratur kennen: Werke, Autoren und Autorinnen, Figuren, Handlungen
- eigene Gedanken zu Texten entwickeln, zu Texten Stellung nehmen und mit anderen über Texte sprechen
- bei der Beschäftigung mit literarischen Texten Sensibilität und Verständnis für Gedanken und Gefühle und zwischenmenschliche Beziehungen zeigen
- nach Anregung eigene Texte schreiben

Kompetenzexegese:

Die Aktivierung lebendiger Vorstellungen im Sinne von *Imaginationsfähigkeit* und *Phantasietätigkeit* ist ein wesentlicher Bestandteil von Lesekompetenz. Die Kinder können sich aus dem Hier und Jetzt in die Welt des Textes hineinversetzen und verspüren dadurch Freude am Lesen. Sie sind subjektiv am Geschehen beteiligt und finden eigene Wünsche, Gefühle und Absichten im Text gespiegelt. In diesem Prozess entstehen bei den Kindern ausdrucksstarke innere Bilder. Die Intensität dieser imaginativ-bildlichen Prozesse gelangt zu einer zunehmenden Differenzierung und textbezogenen Genauigkeit.

Anforderungsniveaus der Lernaufgaben:

A. Die Schüler können Vermutungen über den Fortgang der Texte anstellen.

B. Die Schüler können sich imaginativ in die Situation, die Gedanken und Gefühle der Handlungsfiguren hineinversetzen.

C. Die Schüler können in ihren inneren Vorstellungswelten über den Text hinaus weiterdenken und Parallelhandlungen imaginieren.

Lernziel:

Die Schüler entwickeln ihre Imaginationsfähigkeit, indem sie in einer Stationenarbeit die Märchen ‚Sterntaler' und ‚Frau Holle' weiterschreiben (Station I), sich in die Entscheidungssituation des Holzfällers aus dem

Märchen „Die Drei Wünsche" durch das Schreiben eines Briefes aus seiner Perspektive hineinversetzen (Station II) und ausgehend vom Märchen Sterntaler als literarischer Vorlage eine Parallelgeschichte über besonders hilfreiche Menschen verfassen (Station III).

Phase	Lehrer- und Schülerhandlungen	Kommentar
Hinführung	Gemeinsames Lesen eines Auszugs aus dem Comic „König Drosselbart" von Maurice Sendak. Die Schüler überlegen sich im Erzählkreis Möglichkeiten, wie die Geschichte enden könnte.	Die Schüler üben sich im Erzählen und entwickeln ihre Fantasie- und Vorstellungsbildung.
Erarbeitung	Lehrer und Schüler klären ausgehend von der Weitererzählung von Maurice Sendak „König Drosselbart" die Begriffe ‚Fantasie' und ‚lebendige Vorstellungen beim Lesen'. Sie formulieren gemeinsam das Ziel des Kompetenzerwerbs: „Wir üben an den Aufgaben der Stationen, phantasievolle und lebendige Vorstellungen beim Lesen und Schreiben zu entwickeln". Danach werden die Stationen vorgestellt. Station I ist verbindlich zu erarbeiten, Station II und III stellen weiterführende Lernangebote auf höheren Kompetenzstufen dar.	Herstellungen von Ziel- und Verlaufstransparenz, um einen bewussten Kompetenzerwerb zu ermöglichen. An Stationen zu bekannten Märchen können die Kinder Aufgaben auf unterschiedlichen Kompetenzstufen bearbeiten.
Sicherung	Einzelne Schüler präsentieren Aufgaben auf unterschiedlichen Kompetenzstufen. Die anderen Schüler geben ein Feedback, ob die Aufgabe ihrer Meinung nach ‚phantasievoll' gelöst wurde und der Text verständlich ist.	Wichtig ist durchgängig ein positives Verständnis von Fantasie und innerer Vorstellungsbildung beim Lesen zu vermitteln, denn hierbei

Die ‚Märchenmappe' wird ausgeteilt, in der alle Schülerprodukte der Unterrichtseinheit gesammelt werden (Portfolio). Die Schüler gestalten ein Titelblatt aus buntem Tonpapier. Sie bemalen und verzieren es mit Schmuckpapier.	handelt es sich um eine produktive Kraft des menschlichen Geistes.

Reflexion:
Lesen weckt die Fantasie der Kinder. Es eröffnet ihnen neue und spannende Welten. Die Entwicklung lebendiger Vorstellungen beim Lesen muss allerdings didaktisch gestützt werden. Die Beobachtung wenig lesender Kinder in der Klasse zeigt, dass die durch Textlektüre initiierte Imagination nicht als Selbstverständlichkeit vorausgesetzt werden kann, sondern als Kompetenz entwickelt werden muss. Die Kinder wurden durch die Aufgaben auf den oben genannten Niveaustufen herausgefordert, innere Vorstellungen zum Verlauf der Märchen und zu den Gedanken und Gefühlen der Figuren zu bilden und überdies über den Text hinaus zu denken. Die Aufgaben an Station I konnten alle Kinder problemlos lösen. Sie haben entweder das Märchen „Sterntaler" oder „Frau Holle" weitererzählt. Einige Schüler haben auch beide Märchen bearbeitet. Bei „Sterntaler" war der Anfang der Erzählung bis zur märchentyischen Mangelsituation vorgegeben, die nun von der Heldin bewältigt werden muss. Aus dem Märchen „Frau Holle" war der erste Strang einer Parallelhandlung vorgegeben, der zweite musste analog, aber mit anderer Komplikationshandlung, gestaltet werden. Viele Schüler haben eigene Ideen zum Fortgang der Geschichte entwickelt. Diese wurden häufig mit der Handlung des Originals kreativ verknüpft, oder es wurden andere Märchenmotive aufgegriffen und in die Erzählung eingefügt. Einige Schüler wiederum haben sich auf eine ausführliche Nacherzählung des Märchens beschränkt. Jeder Schüler hat die Aufgaben somit gemäß seines ihm zur Verfügung stehenden sprachlichen und literarischen Wissens bearbeitet. Insbesondere durch die Vermittlung eigener Ideen mit bekannten Textstrukturen und Handlungsmustern konnten viele Texte

mit besonderer Qualität und Originalität entstehen. Die Kinder konnten den Erzählstil des Märchens durchgängig anwenden. Einige Schülertexte waren zu Beginn nicht ausführlich genug. Die Lehrkraft hat mit den betroffenen Schülern gemeinsam versucht, ihre Ideen zu verbalisieren bzw. Impulse zur Bildung weiterer Vorstellungen zu setzen. Grundsätzlich hat sie sich im Sinne der pädagogischen Mäeutik als Impulsgeber verstanden, der die Schüler durch Fragen zum Weiterdenken anregt und auf inhaltliche Vorgaben oder ‚Tipps' weitestgehend verzichtet.

Die Aufgabe an Station II haben die Kinder in unterschiedlicher Qualität bearbeitet. Wichtig war es der Lehrperson in den Schreibberatungen und in der öffentlichen Präsentation der Schülertexte ein Bewusstsein für die textbezogene Genauigkeit innerer Vorstellungen zu schaffen: Die Wünsche des Holzfällers sind aller Wahrscheinlichkeit nach andere als die der Schüler. Dies wurde zu Bedenken gegeben, wenn einzelne fußballbegeisterte Schüler den Holzfäller etwa ein Fußballstation oder gigantische Eurobeträge wünschen ließen. Hierbei handelt es sich um die Wünsche der Schüler, die aller Wahrscheinlichkeit nach außerhalb des Erfahrungshorizontes des Holzfällers liegen. Positiv hervorgehoben wurde, wenn die von den Schülern aus der Perspektive des Holzfällers formulierten Wünsche zu dessen Lebenssituation passten.

Die Aufgabe an Station III wurde von den Schülern wiederum auf ganz unterschiedliche Weise gelöst. Entstanden sind sowohl eigene Erfahrungsberichte aus Familie und Freundeskreis wie auch rein imaginative Geschichten. Eine Schülerin hat die Geschichte von St. Martin aufgeschrieben, die inhaltlich sehr gut in den Zusammenhang der Aufgabe passt. Die Verschiedenartigkeit der entstandenen Texte war der große Vorteil dieser Lernsequenz. Jeder Schüler hat einen besonderen Text verfasst, mit dem er sich identifizieren konnte. Auch die öffentliche Präsentation war aufgrund des Abwechslungsreichtums der Texte von einem großen Interesse der Klasse getragen.

Lernsequenz II: Szenisches und sinngestaltendes Lesen und Interpretieren moderner Märchen (1,5 Stunden)

Kompetenzbereich: Texte präsentieren
Standards (Schwerpunkte):
- Texte zum Vorlesen vorbereiten und sinngestaltend vorlesen
- bei Lesungen und Aufführungen mitwirken

Bezug zu weiteren Standards:
- altersgemäße Texte sinnverstehend lesen
- Verfahren zur ersten Orientierung über einen Text nutzen
- bei der Beschäftigung mit literarischen Texten Sensibilität und Verständnis für Gedanken und Gefühle und zwischenmenschliche Beziehungen zeigen
- eigene Gedanken zu Texten entwickeln, zu Texten Stellung nehmen und mit anderen über Texte sprechen

---

Kompetenzexegese:
Sinngestaltendes Lesen ist ein integraler Bestandteil von Lesekompetenz. Diese Fähigkeit ist eine Voraussetzung für sinnerfassendes Lesen und sichert die Aufmerksamkeit und das Verständnis der Zuhörer bei Lesungen. Sinngestaltendes Lesen ist gekennzeichnet durch die zunehmende flexible Integration verschiedener Teilfähigkeiten. Kinder, die sinngestaltend lesen, können ihre Artikulation an Silben und Takten als zentralen Segmentierungseinheiten von Sprache ausrichten, sie können Satzeinheiten erkennen, Satzschlusszeichen und Sprechpausen beachten, langsam, deutlich, flüssig und mit text- und inhaltsangemessener Betonung lesen sowie die Gedanken und Gefühle literarischer Personen intonatorisch zum Ausdruck bringen.

Anforderungsniveaus der Lernaufgaben:

A. Die Schüler können flüssig lesen und Silben und Takte artikulatorisch berücksichtigen.

B. Die Schüler können langsam, flüssig und mit angemessener Betonung lesen.

C. Die Schüler können die Gedanken und Gefühle literarischer Personen beim Lesen intonatorisch angemessen zum Ausdruck bringen.

Lernziel:
Die Schüler entwickeln ihre Kompetenz zum sinngestaltenden Vorlesen, indem sie in Kleingruppen ein szenisch bearbeitetes Märchen lesen, interpretieren und aufführen und dabei zuvor im Plenum erarbeitete Tipps für gutes Vorlesen berücksichtigen.

Phase	Lehrer- und Schülerhandlungen	Kommentar
Hinführung	Lehrer und Schüler überlegen gemeinsam, worauf es beim ‚guten Vorlesen' ankommt. Die Ideen der Schüler werden gut sichtbar und strukturiert auf einem Plakat festgehalten.	Die Zusammenstellung von Kriterien hat eine bewusstmachende Funktion. Die Schüler sollen benennen können, was sie als gutes Vorlesen wahrnehmen.
Erarbeitung	Die Schüler üben in Kleingruppen das szenische Lesen zweier Märchen aus der Feder von Kindern.	Die Schüler lernen untereinander und ohne korrigierende Eingriffe der Lehrkraft.
Sicherung	Die Kleingruppen präsentieren ihre Märchen in einem ‚Lesetheater'.	Die Zuhörer geben anhand der Kriterien für gutes Vorlesen ein strukturiertes und konstruktives Feedback.

Reflexion:
Das geübte Lesen spielt im Hinblick auf Leseförderung eine wichtige Rolle. Im szenischen Lesen, das in der Klasse ‚Lesetheater' genannt wird, werden Texte so vorbereitet, dass durch einen flüssigen und sinngestaltenden Vortrag die Aufmerksamkeit des Publikums erzielt und das Interesse geweckt wird. Auch schlechtere Leser können durch die Vorbereitung gute Leistungen erzielen. Das Vorlesen unvorbereiteter Texte ist hingegen oft zäh und anstrengend und wird in dieser Unterrichtseinheit vermieden.

In der Hinführungsphase nannten die Schüler wesentliche Aspekte, die für gutes Vorlesen entscheidend sind. Ohne lange überlegen zu müssen, konnten sie Langsamkeit, Flüssigkeit, Deutlichkeit und angemessene Betonung als Kriterien aufzählen. Sie konnten in diesem Zusammenhang auf bisher durchgeführte Vorleseübungen verweisen. Gleichzeitig haben sie auch die Erwartungen hervorgehoben, die Vorleser an ihre Zuhörer stellen. Diese müssen ruhig und konzentriert sein, damit die Vorlesenden nicht abgelenkt werden. Die Schülerantworten legen Zeugnis von der gut ausgebildeten Lese- und Vorlesekultur in der Klasse ab. Das Kriterium, so vorzulesen, dass auch die Gefühle der Figuren zum Ausdruck kommen, wurde von der Lehrkraft vorgegeben und an einigen Beispielen verdeutlicht.

Die Auswahl der Vorlesetexte rief das besondere Interesse der Schüler hervor. Es handelt sich um zwei Erzählungen, in denen das Märchen „Rotkäppchen" in die moderne Welt übertragen wurden. Verfasst wurden diese modernen Märchen von Kindern der Gebrüder-Grimm-Grundschule Nürnberg. Auf der schuleigenen Homepage können die Texte abgerufen werden. Die Lehrkraft hat diese Texte unter möglichst genauer Beibehaltung des Wortlautes in szenische Texte umgeschrieben. Die Kinder haben über die Ideen ihrer Altersgenossen gestaunt und diese als Anregung für das Verfassen eigener moderner Märchen wahrgenommen.

In der Erarbeitungsphase wurde auf die Selbstorganisations- und Selbstregulationsfähigkeiten der Klasse vertraut. Die Einteilung der Gruppen wurde von der Lehrkraft vorstrukturiert, die endgültige Zusammensetzung bestimmten die Kinder jedoch selbst. Die in einer Gruppe bestandene Diskrepanz zwischen den Leserollen und der Anzahl der Kinder wurde gruppenintern durch die Vergabe einer Doppelrolle gelöst. Die Einteilung der Rollen verlief weitestgehend problemlos, was für die Kooperationsfähigkeit der Kinder spricht. Eine Schülerin wollte nicht in den gruppeninternen Aushandlungsprozess eintreten und forderte vehement eine bestimmte Rolle ein. Dieses Verhalten wurde von der Gruppe durch die Androhung des Ausschlusses der Schülerin sanktioniert, was auf ihrer Seite zu einem Umdenken führte. Sicherlich wurde hier ein wichtiger sozialer Lernprozess angestoßen: Gruppenarbeit bedeutet, eigene Interessen mit denen der Gruppe in einem Verhandlungsprozess unter Gleichrangigen zu vermitteln.

Die abschließende Präsentation der Texte bereitete allen Schülern große Freude. Die vorlesenden Gruppen stellten sich nacheinander vor der Tafel auf. Über den Köpfen der Kinder waren die jeweiligen Rollen an der Tafel angeschrieben. Diese Visualisierung erleichtert den Zuhörern die Rezeption. Da die Gruppen unterschiedliche Texte vorbereitet hatten, blieb die Spannung bei der Präsentation durchgängig erhalten.

Die obige Unterscheidung verschiedener Anforderungsniveaus diente der Lehrkraft als Hilfsmittel zur strukturierten Beobachtung der Schüler. Alle Schüler konnten ihren Text flüssig und mit sinnvoller silbischer Betonung vorlesen. Einige Schüler haben etwas zu schnell vorgelesen. Die Gedanken und Gefühle der Märchenhelden konnten intonatorisch schon relativ gut zum Ausdruck gebracht werden, was im produktionsorientierten Literaturunterricht zugleich als erster Schritt der Textinterpretation verstanden wird. Die zuhörenden Schüler konnten die gesammelten Kriterien nutzen, um den Gruppen ein gezieltes Feedback zu geben. Die Lehrkraft hat Wert darauf gelegt, dass das Feedback konstruktiv ausfällt. Die Schüler sollten genau benennen, was ihnen gut gefallen hat. Sie haben sich mit einer Ausnahme an diese Vorgabe gehalten, ohne unrealistische und geschönte Rückmeldungen zu geben. Eine Schülerin musste unterbrochen werden, weil sie einer Leserin eine abwertende Rückmeldung in der Klassenöffentlichkeit geben wollte.

Lernsequenz III: Der alte Schubladenschrank in Josef Guggenmos'
Gedicht „Es gingen drei Kinder durch den Wald":
Ein Anlass zur Entwicklung lebendiger Vorstellungen beim Lesen und Schreiben (1 Stunde)

Diese Lernsequenz wird ausführlich in *Kapitel 5.4.1* dokumentiert und reflektiert.

Lernsequenz IV: Das Märchen „Aschenputtel" genau lesen und dem
Text gezielt Informationen entnehmen (1,5 Stunden)

Kompetenzbereich: Texte erschließen
Standards (Schwerpunkte):
- gezielt einzelne Informationen suchen
- Texte genau lesen

Bezug zu weiteren Standards:
- altersgemäße Texte sinnverstehend lesen
- Verfahren zur ersten Orientierung über den Text nutzen

Kompetenzexegese:
Um Anforderungsniveaus festlegen zu können, werden die oben angegebenen, im Schwerpunkt dieser Sequenz stehenden Kompetenzstandards in Anlehnung an das PISA-Modell der Lesekompetenz ausgelegt:
Die Kinder können Texten Informationen entnehmen (Dekodieren), indem sie Wortbedeutungen erfassen und einzelne Informationen auf Satzebene entnehmen (genaues Lesen), ganze Sätze und Absätze in ihrem Informationsgehalt verstehen (lokale Kohärenzbildung) und schließlich Textzusammenhänge mental repräsentieren (globale Kohärenzbildung).
Sie sind darüber hinaus in der Lage, die Informationen des Textes für eigene Zwecke zu nutzen bzw. von ihnen ausgehend über den Text hinaus zu denken.

Anforderungsniveaus der Lernaufgaben

A. Die Schüler können einem Text einfache Informationen entnehmen.

B. Die Schüler können den sach- und textlogischen Zusammenhang von Textteilen herstellen.

C. Die Schüler können mit Textinformationen Fragen beantworten, die über den Text hinausweisen.

Lernziel:

Die Schüler entwickeln ihre Fähigkeit zum genauen und sinnerfassenden Lesen, indem sie durch das gezielte Suchen und Belegen von Textinformationen Wahr- und Falschaussagen über das Märchen „Aschenputtel" unterscheiden (Aufg. 1), durch die Ordnung verwürfelter Textteile den sach- und textlogischen Zusammenhang des Märchens rekonstruieren (Aufg. 2) und vor dem Hintergrund des gesamten Handlungsverlaufs in eine Sprechblase schreiben, was der Prinz Aschenputtel gesagt haben könnte, als er es endlich gefunden hat (Aufg. 3).

Phase	Lehrer- und Schülerhandlungen	Kommentar
Hinführung	Das Märchen „Aschenputtel", das die Kinder als Hausaufgabe erlesen haben, wird gemeinsam nacherzählt.	Die Schüler üben sich im verständlichen und genauen Nacherzählen.
Erarbeitung	Lehrer und Schüler erarbeiten Kriterien für genaues Lesen, die für die erfolgreiche Bewältigung der Aufgaben hilfreich sind: 1) Ich lese die Überschrift. 2) Ich überlege mir, worum es in dem Märchen gehen könnte. 3) Ich denke beim Lesen mit. Habe ich einen Satz nicht verstanden, lese ich ihn noch einmal.	In der didaktischen Literatur werden vielfältige Lesestrategien dargestellt (vgl. z.B. Kollenrott 2007; Beste 2007). Da diese Strategien nicht universell für jeden Text einsetzbar sind, empfehlen

	4) Ich unterstreiche die Textteile, in denen ich die gesuchten Informationen gefunden habe. Die Kriterien werden auf einem Plakat festgehalten. Die Schüler bearbeiten die Aufgaben auf unterschiedlichen Anforderungsniveaus.	sich jeweils die Einführung textangemessener Strategien und die Einübung eines flexiblen Umgangs mit ihnen.
Sicherung	Die Aufgaben werden verglichen.	Die Verstehensleistungen werden festgestellt.

Reflexion:

Die Aufgaben zum gezielten Suchen einzelner Informationen und zum genauen Lesen sind auf zentrale kognitive Teilleistungen von Lesekompetenz bezogen. Die hier grundgelegte Graduierung der Anforderungsniveaus bezieht sich auf die Unterscheidung „hierarchieniedrigere(r), automatisierte(r) Prozesse (Wort- und Satzidentifkation, Verknüpfung von Satzfolgen) von hierarchiehöheren, zielbezogenen Prozessen (globale Kohärenzherstellung, [...], Erkennen von Darstellungsstratgien und Textintentionen)" (Hurrelmann 2007, S. 24).

Die Aufgabe 1 konnten die Schüler ohne Probleme lösen. Die von der Lehrkraft mündlich gesetzte Anregung, die Textabschnitte, in denen die benötigten Informationen gefunden wurden, farbig zu markieren, wurde von der Mehrheit der Kinder aufgegriffen. Die Schüler sollten dadurch lernen, ihre Aussagen im Text zu belegen. Beim Vergleich der Aufgabe konnte den Schülern der Vorteil genauer Textarbeit deutlich vor Augen geführt werden. So wurde die Behauptung, dass Aschenputtel den Prinz unbedingt als Gemahl haben wollte, von ca. einem Viertel der Schüler bejaht. Erst durch die Aufforderung einen Textbeleg zu erbringen, konnte die Aussage für alle Schüler erkennbar falsifiziert werden.

Die Aufgabe 2 kostete die Kinder schon mehr Mühe, nicht nur wegen des höheren Material- und Arbeitsaufwandes, sondern vor allem, weil nun der gesamte sach- und textlogische Zusammenhang des Märchens im

Mittelpunkt stand. Abgesehen von kleinen Vertauschungen der Textteile konnten die Kinder die Aufgabe aber ebenfalls den Anforderungen entsprechend und weitestgehend selbstständig lösen.

Fast alle Kinder haben es geschafft, sich auch der Aufgabe 3 zuzuwenden. Einige Schüler haben in die dem Prinzen zugeordnete Sprechblase zugleich Aschenputtels Antwort geschrieben. Das Schreiben eines Dialoges wurde zwar in der Aufgabenstellung nicht verlangt, bietet sich an dieser Stelle aber in der Tat an. Gemeinsam wurde daher überlegt, entweder eine zweite Sprechblase für Aschenputtel zu zeichnen oder auf Aschenputtels Antwort zu verzichten.

Die Sprechblase wurde von allen Kindern mit passenden Äußerungen gefüllt. In der Ausführlichkeit und textbezogenen Genauigkeit haben sich die Schüleräußerungen allerdings stark voneinander unterschieden. Während z.B. ein Junge sich darauf beschränkt hat, dem Prinz die klaren Worte „Aschenputtel, ich liebe dich" in den Mund zu legen, so ist ein Mädchen näher auf den gesamten Handlungsverlauf des Märchens eingegangen, indem sie auf die Anstrengungen des Prinzen bei der Suche nach Aschenputtel eingeht und auf die schöne Zukunft der beiden verweist.

Lernsequenz V: Märchenbücher in der Lesekiste, der Klassen- und der Schülerbücherei recherchieren (1 Stunde)

Kompetenzbereich: über Leseerfahrungen verfügen
Standards (Schwerpunkte):
- Texte begründet auswählen
- Informationen in Druckmedien suchen

Bezug zu weiteren Standards:
- Verfahren zur ersten Orientierung über einen Text nutzen
- Unterschiede und Gemeinsamkeiten von Texten finden
- sich in einer Bücherei orientieren

Kompetenzexegese:
Die begründete Auswahl von Texten und die Fähigkeit zum gezielten Suchen und Finden von Informationen in Druckmedien kann als wichtige Grundlage des Erwerbs von Informationskompetenz (*Information Literacy*) betrachtet werden. Standards aus dem Bereich *Information Literacy* werden in den KMK-Bildungsstandards der Lesekompetenz zugeordnet. Über Informationskompetenz verfügt nach gängiger bibliothekarisch-informationswissenschaftlicher Definition derjenige, der

- seinen Informationsbedarf erkennen und Fragen zu einem Inhalt oder Thema stellen kann
- Informationen methodisch geleitet ermitteln kann,
- die gefundenen Informationen bewerten und einordnen kann,
- die gefundenen Informationen effektiv präsentieren und sinnvoll für die Bearbeitung eigener Problemstellungen nutzen kann (vgl. Lux 2007, S. 200f.).

Informationskompetenz entwickelt sich langfristig und prozessual als zunehmende Differenzierung und flexible Integration der oben genannten Teilkompetenzen, wobei als ein wichtiger Ausgangspunkt dieser Entwicklung das eigenständige ,Stöbern' in Büchersammlungen betrachtet werden kann.

Anforderungsniveaus der Lernaufgaben:
A. Die Schüler können eine interessengeleitete Fragestellung für eine Literaturrecherche formulieren.
B. Die Schüler können selbstständig Büchersammlungen erkunden und gezielt Titel auswählen.
C. Die Schüler können über ihre Recherche berichten und die erzielten Ergebnisse öffentlich präsentieren.

Lernziel:
Die Schüler entwickeln ihre Informationskompetenz, indem sie schriftlich eine eigene Fragestellung für eine Literaturrecherche formulieren, Büchersammlungen unter dieser Fragestellung gezielt durchsuchen, begründet Texte auswählen und abschließend über ihre Erfahrungen bei der Recherche berichten und ihre Ergebnisse öffentlich präsentieren.

Phase	Lehrer- und Schülerhandlungen	Kommentar
Hinfüh-rung	Die Klasse sammelt im ‚Kinositz-kreis' typische Märchenfiguren wie u.a. Könige, Prinzessinnen, Zwerge, Hexen, sprechende Tiere, Kinder, Mädchen, Jungen oder Feen. Die von den Schülern genannten Figuren werden an der Tafel festgehalten. Abschließend wird in einer Umfrage festgestellt, wer von den Schülern welche Märchenfiguren besonders gerne mag. Nun wird am Beispiel des Leseinteresses eines Mädchens eine Rechercheaufgabe formuliert: *„Jenny sucht Märchen über Kinder. Sie kennt zwar einige, möchte aber noch weitere lesen. Zuvor muss sie sie aber finden"*(der Name wurde geändert). Das Vorgehen beim Su-	Die Schüler sollen ihr Leseinteresse *benennen* und ihren Informationsbedarf *erkennen*. Nur so können sie eine für sie sinnvolle Recherchefrage formulieren. Das Ausgehen von ihrem Leseinteresse ist besonders wichtig, um die motivationale Grundlage für die Literaturrecherche zu sichern.

	chen der Bücher wird kurz besprochen. Nun werden alle Kinder aufgefordert, eine Recherchefrage zu formulieren und ihre Suche zu beginnen. Kinder, die zusätzliche Unterstützung benötigen, bleiben im Sitzkreis, bis sie gemeinsam mit der Lehrkraft eine ihrem Interesse entsprechende Suchfrage gefunden haben.	
Erarbeitung	Die Kinder verteilen sich auf die Schülerbibliothek und die Klassenbücherei bzw. setzen sich an die Lesekiste. Sie gehen die Bücher durch und ermitteln vor allem anhand der *Überschriften* und der *Illustrationen* passende Titel.	Die Freude der Kinder am selbstständigen Suchen und Sammeln soll produktiv für die Anbahnung von Informationskompetenz genutzt werden.
Sicherung	Die Kinder präsentieren allein oder – sofern dieselbe Recherchefrage formuliert wurde – auch zu zweit ihre Ergebnisse.	Die Rechercheergebnisse der Kinder werden präsentiert und gewürdigt.

Reflexion:
Die meisten Kinder haben bei der Bearbeitung dieser Aufgabe Neuland betreten. Das Gespräch über eigene Leseinteressen ist ihnen aus schulischen und außerschulischen Zusammenhängen zwar bekannt, eine auf ihren Lesevorlieben basierende Suchfrage haben sie allerdings noch nicht formuliert. Der Sinn dieses ungewöhnlichen Arbeitsauftrages wurde den Kindern durch die gewählten Hinführungsschritte einsichtig. Das breite Spektrum an Märchenhelden, das sowohl Identifikationsfiguren für Jungen als auch für Mädchen beinhaltet, eröffnete gute Anknüpfungspunkte für die ‚märchenbezogene' Formulierung von Leseinteressen. Wichtig war es den Kindern zu verdeutlichen, dass sie vor allem Märchen finden

sollen, die sie noch nicht gelesen haben. Der Sinn dieser Übung besteht schließlich darin, neue Lektüre zusammenzustellen. Auf Nachfrage einer Schülerin einigte sich die Klasse, dass auch bekannte Titel in die Literaturliste ergänzend aufgenommen werden dürfen. Jeder sollte jedoch mindestens drei neue Titel recherchieren. Fast alle Kinder konnten gleich ein Leseinteresse benennen und eine Recherchefrage formulieren. Einige brauchten etwas Zeit zum Nachdenken und haben im Kleingruppengespräch mit der Lehrkraft eine sie persönlich ansprechende Recherchefrage erstellt. Erfreulicherweise gab es keine Kinder, die überhaupt keine Leseinteressen und damit Anknüpfungspunkte für den Erwerb von Informationskompetenz ausgebildet haben.

Organisatorisch verlief die Stunde unproblematisch. Es kam zu keinen gegenseitigen Behinderungen in den Büchereien oder an der Lesekiste. Die Kinder haben sich gut verteilt. Abhängig von ihrer gewählten Suchfrage haben die Schüler unterschiedlichen Zeitaufwand bei der Recherche aufbringen müssen. So war es z.B. leichter, Märchen mit Kindern als Hauptfiguren zu finden als Märchen, in denen Drachen vorkommen. Ein Junge, der nach Drachen suchte, musste sich schließlich mit nur einem Treffer zufrieden geben. Als quantitative Differenzierung wurden zusätzlich vorgegebene Suchaufträge bereitgelegt. Diese vorgegebenen Suchaufträge haben den Nachteil, dass sie die Kinder nicht zum Erkennen ihres eigenen Informationsbedarfs anhalten. Aus diesem Grunde wurden diese Aufträge nur als zusätzliches Angebot ausgewiesen.

Beim Stöbern in den Büchersammlungen sollten die sinnlichen und haptischen Eindrücke dominieren. Dennoch verlief die Suche nicht unsystematisch. Wie zuvor in der gemeinsamen Runde besprochen, haben sich die Schüler an den Überschriften von Büchern und Geschichten sowie an Illustrationen orientiert.

Am Ende der Lernsequenz konnten einige Schüler ihre Ergebnisse präsentieren. Die Präsentation verlief schematisiert. Die Kinder haben zuerst ihre Fragestellung, dann die Bücher und ihren Standort genannt. Bücher aus der Klassenbücherei und aus der Lesekiste wurden gezeigt, um das Interesse der anderen Kinder zu wecken.

Die Entwicklung von Informationskompetenz, so der Eindruck von die-

ser Lernsequenz, ist zu Recht bereits eine Aufgabe des Grundschulunter-
richts. Ausgehend von der Erfahrung des eigenständigen Stöberns und
Entdeckens von Literatur im Grundschulalter, können in der Sek. I nach
und nach informationswissenschaftliche Recherchestrategien vermittelt
werden, um die Informationssuche sukzessiv zu systematisieren und
effektivieren und damit den Herausforderungen des ,life-long-learning'
gewachsen zu sein.

Lernsequenz VI: Figuren und Handlungen von Märchen kennen und
ein typisches Märchen selbst verfassen (3 Stunden)

Diese Lernsequenz wird ausführlich in *Kapitel 5.4.2* dokumentiert und
reflektiert.

5.4 Ausführliche Dokumentation und Reflexion ausgewählter Lernsequenzen

Im Folgenden sollen zwei Lernsequenzen ausführlich dokumentiert und reflektiert werden, um die kompetenztheoretische Akzentuierung des hier grundgelegten Unterrichtssystems noch einmal beispielhaft zu vertiefen. Im Sinne ausführlicher Unterrichtsplanungen werden die allgemeinen Lernvoraussetzungen für die jeweilige Lernsequenz dargestellt sowie sämtliche Planungsschritte sachanalytisch, didaktisch und methodisch begründet. In einem anschließenden Schritt wird der Unterricht retrospektiv unter der Fragestellung evaluiert, ob der in der Planung intendierte Kompetenzzuwachs erreicht wurde. Für diese ausführliche Planung und Reflexion wurden Lernsequenz III aus der Mitte der Einheit sowie Lernsequenz VI ausgewählt, welche die Unterrichtsreihe beschließt. Beide sind durch Aufgabenfolgen gekennzeichnet, an denen eine Reihe verschiedener Kompetenzen aus den Bereichen Lesen und Schreiben integrativ entwickelt werden sollen. Die Teilaufgaben, aus denen sich Lernsequenz III zusammensetzt, basieren auf einer komplexen Beispielaufgabe zu den Bildungsstandards (KMK 2005, S. 54ff.), die den Lernvoraussetzungen der Schülerinnen und Schüler und den angestrebten Zielen dieser Unterrichtseinheit angepasst wurde.

5.4.1 *Lernsequenz III: Der alte Schubladenschrank in Josef Guggenmos' Gedicht „Es gingen drei Kinder durch den Wald": Ein Anlass zur Entwicklung lebendiger Vorstellungen beim Lesen und Schreiben (1 Stunde)*

Im Zentrum der Unterrichtsstunde steht das Gedicht „Es gingen drei Kinder durch den Wald" von Josef Guggenmos. Dieses Gedicht regt zu „Spekulationen über vorangegangene Geschehnisse" an (KMK 2005, S.

55). Diese Besonderheit wird didaktisch genutzt, um die *lebendige Vorstellungsbildung* der Kinder beim Lesen und bei der schriftlichen Auseinandersetzung mit dem Gedicht herauszufordern.

Josef Guggenmos:
Es gingen drei Kinder durch den Wald

1   Es gingen drei Kinder durch den Wald.
        Die Kinder waren jung, der Wald war alt.
        Da haben die drei unter Fichten versteckt
        Ein steinernes uraltes Haus entdeckt.
5   Sie klopften an. Kein Mensch rief herein.
        Da fassten sie Mut und traten doch ein.
        Sie blickten sich in der Stube um.
        Da sahen sie stehen, verstaubt und stumm:
        Eine uralte Uhr, eine uralte Bank,
10   einen uralten Tisch, einen uralten Schrank.
        Der Schrank war wie der Himmel blau
        Und hatte Schubladen, zwölf genau.
        In der ersten lag ein gläserner Ball,
        in der zweiten ein Posthorn aus gelbem Metall.
15   In der dritten ein Männlein aus Elfenbein,
        in der vierten ein Ring mit grünem Stein.
        In der fünften lag ein vertrockneter Strauß,
        aus der sechsten sprang eine silbrige Maus.
        In der siebten lag ein zerbrochener Krug,
20   in der achten ein Bild: Braune Adler im Flug.
        In der neunten lag ein Gewicht aus Blei,
        die zehnte war voll von allerlei.
        In der elften lag ein Seidentuch,
        in der zwölften ruhte ein uraltes Buch.
25   Auf diesem Buch stand geschrieben: Nimm und lies!
        Sie schlugen das Buch auf, da lasen sie dies:
        Es gingen drei Kinder durch den Wald.

Die Kinder waren jung, der Wald war alt.
Da haben die drei...

1. Wählt euch eine Schublade aus, notiert auf einem Klebezettel was darin liegt und wer es hineingelegt haben könnte! Heftet den Klebezettel dann an das Plakat mit dem Schubladenschrank an der Tafel.

2. Sucht euch eine der Ideen aus, die an der Tafel gesammelt wurden. Schreibt nun eine Geschichte, wie der Gegenstand in die Schublade gelangt ist.

Kompetenzbereiche: über Lesefähigkeiten verfügen / Texte verfassen
Standards (Schwerpunkte):
• Lebendige Vorstellungen beim Lesen und Hören literarischer Texte entwickeln
• Schreibabsicht klären
Bezug zu weiteren Standards:
• altersgemäße Texte sinnverstehend lesen
• Inhalte verstehend zuhören
• eigene Gedanken zu Texten entwickeln, zu Texten Stellung nehmen und mit anderen über Texte sprechen
• bei der Beschäftigung mit literarischen Texten Sensibilität und Verständnis für Gedanken und Gefühle und zwischenmenschliche Beziehungen zeigen
• Texte auf Verständlichkeit und Wirkung überprüfen
• Lernergebnisse präsentieren

Kompetenzexegese:
Die Aktivierung lebendiger Vorstellungen (Imaginationsfähigkeit) ist ein wesentlicher Bestandteil von Lesekompetenz. Die Kinder können sich aus dem Hier und Jetzt in die Welt des Textes hineinversetzen und verspüren dadurch Freude am Lesen. Sie sind subjektiv am Geschehen beteiligt. In diesem Prozess entstehen bei den Kindern ausdrucksstarke innere Bilder.

Die Intensität dieser imaginativ-bildlichen Prozesse gelangt zu einer zunehmenden Differenzierung und textbezogenen Genauigkeit.

Anforderungsniveaus der Lernaufgaben:
A. Die Schüler können eine Idee zur Bedeutung und Herkunft eines selbst gewählten Gegenstandes aus dem Schubladenschrank entwickeln.
B. Die Schüler können sich aus dem in der Klasse gesammelten Fundus eine Idee auswählen und als Schreibimpuls nutzen.
C. Die Schüler können eine vollständige Geschichte zum gewählten Gegenstand schreiben.

Lernziel:
Die Schüler entwickeln ihre Imaginationsfähigkeit und ihre Schreibkompetenz, indem sie Ideen zur Herkunft der Gegenstände im Schubladenschrank des Gedichtes von Josef Guggenmos auf Klebezettel schreiben, auf einem Plakat sammeln und vorstellen, sich sodann eine Idee auswählen und dazu eine kohärente Geschichte schreiben.

Phase	Lehrer- und Schülerhandlungen
Hinfüh-rung	Informierender Stundeneinstieg: „Heute hören wir ein märchenhaftes Gedicht, sammeln zu diesem Gedicht eure Ideen und schreiben dann fantasievolle Geschichten." Zwei Schüler lesen das von ihnen zu Hause vorbereitete Gedicht „Es gingen drei Kinder durch den Wald" von Josef Guggenmos vor. Die anderen Schüler erhalten Textblätter und lesen mit. Sie begegnen dem Gedicht zum ersten Mal. An der Wandtafel befindet sich ein Plakat, das den alten Schubladenschrank abbildet, den die drei Kinder im Gedicht entdecken und in dem sich geheimnisvolle Dinge befinden, die zu Mutmaßungen über vorangegangene Ereignisse anregen. Jeder Schüler wählt sich nun eine Schublade aus, notiert auf einem Klebezettel was darin liegt und wer es hineingelegt haben könnte.

Erarbei- tung	Die Schüler schreiben ihre Ideen auf Klebezettel und befes- tigen diese auf dem Plakat an der Tafel, das den Schubla- denschrank zeigt. Danach setzen sie sich im Halbkreis vor die Tafel und stellen sich gegenseitig ihre Ideen vor. Aus den an der Tafel gesammelten Ideen wählt sich jeder Schüler eine aus und schreibt dazu eine Geschichte, wie der betreffende Gegenstand in die Schublade gelangt ist.
Sicherung	Die Lehrkraft fragt einzelne Schüler nach ihrem gewählten Gegenstand und liest die entsprechende Stelle des Gedich- tes vor. Die Schüler präsentieren dann ihre Geschichte zu dem Gegenstand.

Lernvoraussetzungen

Im Mittelpunkt der Stunde stehen die Kompetenzbereiche ‚über Lesefähigkeiten verfügen‘ und ‚Texte verfassen‘. Die Verknüpfung dieser Bereiche erfolgt durch die produktive Auseinandersetzung mit dem Gedicht
„Es gingen drei Kinder durch den Wald" von Josef Guggenmos. Die Unterrichtsstunde verbindet das Lesen und Hören des Gedichtes mit kreativen Schreibaufgaben. Da den Kindern der Klasse das Lesen fantasievoller
Geschichten und das Schreiben eigener Texte besondere Freude bereitet,
kann mit ihrer durchgängigen Lernmotivation gerechnet werden.

Der Schwerpunkt der Stunde liegt auf zwei Standards, zum einen
der Kompetenz ‚lebendige Vorstellungen beim Lesen und Hören literarischer Texte entwickeln‘, die hier im Sinne von Imaginationsfähigkeit
verstanden wird, und zum anderen auf der Kompetenz ‚Schreibabsicht
klären‘. Der Erwerb dieser Kompetenzen ist bei den Schülerinnen und
Schülern gemessen an den curricular ausgewiesenen Erwartungen gut
ausgebildet. Grundsätzlich zeigt sich die Klasse ideenreich in der kreativen Auseinandersetzung mit literarischen Texten. Durch lesebegleitende
Gespräche und durch kontinuierlich gestellte Aufgaben zur Verbindung
von Lesen und Schreiben verfügen die Kinder über die Fähigkeit, ihre

Gedanken, Gefühle, Erfahrungen und Fantasien in eigene Texte sowie in die Auseinandersetzung mit literarischen Texten einfließen zu lassen. Die Entwicklung lebendiger Vorstellungen beim Lesen und Hören literarischer Texte erfolgt prozessual. Die Progression des langfristig angelegten Kompetenzerwerbs kann in Anlehnung an Spinner als wechselseitige Steigerung von subjektiver Involviertheit und genauer Textwahrnehmung betrachtet werden. Der Kompetenzerwerb der Schülerinnen und Schüler kann somit – vereinfacht gesagt –auf den Polen eines Kontinuums zwischen reiner Subjektivität auf der einen Seite und textorientierter Genauigkeit der Vorstellungen bei gleichzeitiger subjektiver Involviertheit auf der anderen Seite verortet werden (vgl. Spinner 2002). Während die innere Vorstellungsbildung bei den weniger leseerfahrenen Kindern noch häufig rein subjektiv und assoziativ erfolgt, zeichnet sich die Imaginationsfähigkeit der kompetenteren Leserinnen und Leser dieser Schulklasse durch zunehmende textorientierte Genauigkeit aus. Sichtbar wird der Stand des Kompetenzerwerbs an Schülertexten, die nach literarischer Anregung geschrieben werden. In der kompetenzorientierten Interpretation der Schülertexte ist die Frage leitend, ob die Welt des literarischen Textes und die Perspektiven der literarischen Figuren von den Schülern berücksichtigt wurden oder ob ihr Text rein subjektiv und assoziativ angelegt ist.

In der ersten Lernsequenz dieser Unterrichtseinheit wurde die Entwicklung lebendiger Vorstellungen im Umgang mit literarischen Texten durch verschiedene kreative Schreibaufgaben gefördert: Die Kinder haben Märchen zu Ende geschrieben, aus der Perspektive von Märchenfiguren Texte verfasst und Märchenstoffe als produktive Anreger für eigene Texte genutzt. Die Aufgaben dieser Stunde schließen daran an. Im Unterschied zu den bisherigen Aufgaben wird hier ein Text mit klar erkennbaren *Leerstellen* (Iser 1975) herangezogen, die die Entwicklung lebendiger Vorstellungen ausdrücklich herausfordert (vgl. Sachanalyse).

Die Lernvoraussetzungen im Standard ‚Schreibabsichten klären‘, dem zweiten Schwerpunkt dieser Unterrichtsstunde, sind gut ausgeprägt. Lediglich vier Schülerinnen und Schüler haben mitunter noch Schwierigkeiten, eigene Schreibideen zu finden und benötigen Beratung durch die Lehrkraft. Alle Schülerinnen und Schüler sind mit *selbstständigen Lern- und Arbeitsformen* vertraut und können sich Aufgaben schnell erschließen, weshalb sie durch die aufeinander aufbauenden Arbeitsaufträge dieser Stunde nicht überfordert werden.

Sachanalyse

Die Gedichte von Josef Guggenmos faszinieren nicht nur Kinder, sondern auch Erwachsene. Guggenmos erläutert, dass es vor allem „die Liebe zum Schlichten und zu den Dingen mit einem hohen Gehalt an Schweigen" ist, die sein Schreiben kennzeichnet. Dieses geheimnisvolle Schweigen der Dinge steht auch im Mittelpunkt seines Gedichtes „Es gingen drei Kinder durch den Wald". Dieses Gedicht adaptiert eine Reihe bekannter Märchenmotive, weshalb es ohne inhaltliche und thematische Brüche in die Unterrichtsreihe ‚Märchen und märchenhafte Welten' aufgenommen werden kann.

Das Gedicht handelt von drei Kindern, die bei einem Gang durch den Wald an ein uraltes Haus gelangen. Das ‚alte Haus im Wald' findet sich als Motiv in zahlreichen Märchen, z.B. bei Hänsel und Gretel, die an das Hexenhaus gelangen, oder bei Rotkäppchen, die sich zum alten Haus ihrer Großmutter aufmacht. Die drei Kinder in Guggenmos' Gedicht finden in dem Haus „verstaubt und stumm" einen uralten Schubladenschrank, der unterschiedliche geheimnisvolle Gegenstände enthält. Diese Gegenstände laden auch ohne didaktische Impulse zum Nachdenken ein. Auf der ersten Ebene einer sinnlich imaginativen Vorstellungsbildung steht die Beschaffenheit der Gegenstände, ihrer Form und Funktion, wobei zu bedenken ist, dass sich vermutlich nicht alle Kinder etwas unter dem in der zweiten Schublade liegenden ‚Posthorn' vorstellen können. Aus der Perspektive der Kinder könnte das Posthorn m.E. eine eigene *Leerstelle* des Gedichts bilden. Auf einer zweiten Ebene des Nachdenkens stellt sich darüber hinaus die im Text unbeantwortete Frage, was es mit den Gegenständen auf sich hat, woher sie stammen und wer sie in die Schublade gelegt haben könnte. Die Schubladen können insofern als *Leerstellen* bezeichnet werden, die der Leser mit seinen Assoziationen, Ideen, Erfahrungen und Kenntnissen füllen muss. Diese ‚Unbestimmtheit' macht das Gedicht spannend und fordert zur Entwicklung *lebendiger Vorstellungen* heraus.

Mit der durch die Leerstellen vermittelten Unbestimmtheit ist nach der Rezeptionsästhetik von Wolfgang Iser (1975) zugleich ein zentrales Merkmal literarischer Texte der Moderne benannt. Man kann sagen, dass mit dem Grad der Unbestimmtheit eines Textes die eigenaktive Sinnkonstitution des Lesenden zunimmt. Der Unbestimmtheitsbetrag des Textes steht somit in einem unauflöslichen Zusammenhang mit der aktiven Sinn- und Bedeutungskonstruktion, die in der Rezeptionsästhetik grundlegend hervorgehoben wird. Hier wird Lesen als aktiver Prozess der Sinnkonstitution betrachtet. In diesem Prozess ist das kindliche Lesen durch eine besondere Intensität der Vorstellungsbildung gekennzeichnet. Bezogen auf die Leerstellen des Gedichtes von Guggenmos werden die Kinder schon während der Lektüre mehr oder weniger bewusste Erwartungen oder Hypothesen zur Bedeutung der Gegenstände in den Schubladen entwickeln, die im Weiteren zur kreativen schriftlichen Auseinandersetzung mit dem Text einladen (vgl. didaktische Begründung).

Doch nicht nur die Leerstellen regen die kindliche Fantasietätigkeit an, sondern auch die märchenhafte und magische Vergangenheit, die im Gedicht erzeugt wird. Die den Kindern bekannte märchentypische Eingangsformel „Es war einmal" wird in der Formulierung „Es gingen drei Kinder" leicht abgewandelt aufgegriffen. Zahlreiche Begriffe aus dem semantischen Feld ‚alt' regen die Entstehung imaginativ-bildlicher Prozesse an, ebenso wie das Adjektiv ‚silbrig' oder der Begriff ‚Posthorn'. Beides ist vermutlich nicht Teil des kindlichen Wortschatzes, regt zu Nachfragen und bildhaften Erklärungen an. Dieser märchenhafte Raum des Vergangenen gibt der kindlichen Imagination einen Rahmen. Im uralten Schubladenschrank finden die unterschiedlichen Vorstellungen der Schülerinnen und Schüler einen klaren Fluchtpunkt. Das Gedicht öffnet damit einerseits Korridore der kindlichen Fantasietätigkeit, gibt ihnen andererseits aber auch einen klaren Rahmen, der die unterrichtliche Auseinandersetzung mit den Ideen der Schülerinnen und Schüler strukturiert (vgl. didaktische Begründung).

Didaktische Begründung

Die zentrale didaktische Aufgabe kompetenzorientierter Unterrichtsplanung nach Bildungsstandards besteht darin, Inhalte, Themen und Aufgabenstellungen sinnvoll mit dem angestrebten Kompetenzerwerb in Verbindung zu setzen. Die Aufgabenstellungen einer Unterrichtsstunde müssen in der didaktischen Begründung folglich der Frage Stand halten, ob die angestrebten Kompetenzen für die Kinder erkennbar werden und ausdifferenziert werden können. Die im Schwerpunkt zu entwickelnden Kompetenzen dieser Unterrichtsstunde sind die KMK-Standards ,*Lebendige Vorstellungen beim Lesen und Hören literarischer Texte entwickeln'* und ,*Schreibabsicht und Schreibsituation klären'*, die hier im Sinne des integrativen Deutschunterrichts miteinander verknüpft werden.

Diese Kompetenzstandards sind für die Lese- und Schreibentwicklung der Kinder in Gegenwart und Zukunft bedeutsam, weil sie elementare Teilfähigkeiten des Lesens bzw. Schreibens darstellen, auf die weiterführende Teilfähigkeiten aufbauen (vgl. Spinner 2006). Die genannten Kompetenzstandards sollen die Schülerinnen und Schüler in dieser Stunde weiterentwickeln, indem sie Ideen zur Herkunft der Gegenstände im Schubladenschrank des Gedichtes von Guggenmos hervorbringen, sammeln, sich dann für eine Idee entscheiden und dazu eine Geschichte schreiben. Bei diesem Aufgabenformat handelt es sich um eine von der Lehrkraft auf die Bedingungen der Lerngruppe und die Voraussetzungen der Unterrichtseinheit angepasste Beispielaufgabe der KMK-Bildungsstandards (vgl. KMK 2005, S. 54ff.).

In der ersten Aufgabe (s.o.) überlegen sich die Schülerinnen und Schüler Wege, auf denen ein ausgewählter Gegenstand in die Schublade gelangt ist. Dass es sich um besondere Gegenstände handelt, wird durch die ,magische' und ,märchenhafte' Erzählsituation des Gedichtes erkennbar. Die Aufgabenstellung eröffnet Räume für divergentes Denken, insofern sich den Lernenden eine Reihe von Fragen stellen, auf die sie unterschiedliche Antworten finden können: *An welches Ereignis erinnert der Gegenstand? Erkennt man an seiner Geschichte den Grund, warum das Haus einsam und verlassen daliegt? Vermittelt der Gegenstand eine gute oder eine schlechte Bedeutung?* (vgl. Hüttis-Graf 2005) An diesen Fragen wird deutlich, dass diese Aufgabe den angestrebten Kompetenzerwerb im Bereich ‚Imaginationsfähigkeit' in besonderem Maße fördert. Sie bietet den Schülerinnen und Schülern in einem abgesteckten Orientierungsrahmen vielfältige Anknüpfungspunkte für eigene Gedanken, Gefühle, Erfahrungen, Erinnerungen, Phantasien und verinnerlichte literarische Muster. Das gilt auch und insbesondere für die zehnte Schublade, in der sich „allerlei" befindet. Grundlegend steht diese Aufgabe wie auch die Anschlussaufgabe für einen imaginationsfördernden Zugang zum Gedicht. Die *Zugänglichkeit* ist durch den Anschluss an die kindliche Vorstellungsbildung gewährleistet.

Die zweite Aufgabe verlangt die Auswahl einer Idee und ihre schriftliche Entfaltung zu einer kohärenten Geschichte (s.o.). An dieser Stelle erfolgt die eigentliche Integration der schwerpunktmäßig angestrebten Kompetenzen, denn hier wird die ‚Entwicklung lebendiger Vorstellungen' an die ‚Klärung der Schreibabsicht' gebunden. Durch den Ideenaustausch erhält jedes Kind mehrere Möglichkeiten für eine Geschichte. Der Austausch erhöht somit die Komplexität der Aufgabe, denn die Entscheidung für eine Idee wird für einige Schülerinnen und Schüler durch die Vielfalt der Möglichkeiten sicherlich schwieriger als die Generierung einer Idee in der ersten Aufgabe. Für diejenigen, die bislang keine persönlich befriedigende Idee hervorbringen konnten, eröffnet der Austausch jedoch alternative Horizonte der Imagination. Grundsätzlich fördert die Auswahl einer Idee aus der Fülle von Möglichkeiten die Entwicklung der im Stundenschwerpunkt stehenden Kompetenz ‚*Schreibabsicht und Schreibsituation klären*'. Aus der psycholinguistischen Schreibforschung ist bekannt, dass die Klärung der Schreibabsicht als Reduktion von Komplexität beschrieben werden kann, d.h. als Auswahl aus den zur Verfügung stehenden inhaltlichen und sprachlichen Möglichkeiten.

Die Schülerinnen und Schüler können nicht nur ihre Schreibideen selbstständig wählen, ihnen wird auch Freiraum bei der Realisierung ihrer Geschichte eröffnet. Die Textstruktur kann mehr oder weniger komplex sein, stärker auf die Bedeutung des Gegenstandes fokussieren oder von vornherein auf die Frage abzielen, wie der Gegenstand in die Schublade gelangt ist. Abhängig von ihren Schreib-, Lese- und Medienerfahrungen können die Kinder auf unterschiedliche narrative Muster zurückgreifen. Häufig wird die Adaption von märchentypischen Motiven und Textmustern erfolgen, weil diese Gegenstand der laufenden Unterrichtseinheit sind. Wie die Sprachdidaktikerinnen Mechthild Dehn (2005) und Petra Hüttis-Graf (2005) übereinstimmend konstatieren, fördert ein solcher Freiraum für unterschiedliche Realisierungsmöglichkeiten des Textes die Entwicklung von Schreibkompetenzen in besonderem Maße. Die Kinder können vom Anwenden des Gekonnten zum Erproben neuer Muster voranschreiten. Abgesehen von der Auflage, eine dreigliedrige Geschichte mit Einleitung, Hauptteil und Schluss zu schreiben, stellen sich die Kinder eigene inhaltliche und formale Schreibanforderungen. Dieser hohe Selbstbestimmungsanteil dürfte sich förderlich auf die Motivation auswirken.

Methodische Begründung

Da der kompetenzorientierte Ansatz für methodische Klarheit und Transparenz steht, damit die Lernenden zu ‚Mitwissenden' und ‚Mitmachenden' beim Erwerb von Kompetenzen werden *(vgl. Kapitel 4.3.1)*, beginnt die Stunde mit einem *informierenden Unterrichtseinstieg*, der Ziel- und Verlaufstransparenz herstellt. Ein weiteres Merkmal kompetenzorientierter unterrichtlicher Interaktion ist ein hoher Grad an Aktivierung. Um diese gleich von Beginn an zu ermöglichen, lesen zwei Schüler das zu Hause geübte Gedicht vor. Auf diese Weise wird der inhaltliche Impuls der Stunde von Schülern gesetzt. Das geübte und sichere Vorlesen weckt das Interesse der Klasse am Text. Die anderen Kinder lesen mit. Sie begegnen dem Text zum ersten Mal.

Im Zeichen der Schüleraktivierung steht auch das eigenständige Erlesen und Erläutern der ersten Aufgabenstellung. Methodisch wird die Erarbeitung dieser Aufgabe dadurch gestützt, dass die Kinder zunächst ihre Ideen auf kleinen Klebezetteln notieren, so dass eventuelle Angst vor dem leeren Blatt erst gar nicht aufkommen kann (vgl. Hüttis-Graf 2005). Jeder Schüler und jede Schülerin hat gleich zu Beginn der Stunde eine schriftliche Leistung erbracht, die dazu motiviert, sich erfolgszuversichtlich der zweiten, komplexeren Aufgabe zuzuwenden. Zudem veran-

schaulicht die Ideensammlung auf der Tafel die Fülle an Vorstellungs-
möglichkeiten, aus der jedes Kind auswählen kann. Mit Hilfe des Erzähl-
steins können die Kinder im Sitzkreis in geordneter Reihenfolge ihre
Ideen präsentieren, d.h. nur derjenige spricht, der den Stein in der Hand
hält. Auch hier wird der Anteil der Lehreraktivität wieder zugunsten der
Selbsttätigkeit der Schüler reduziert. Die Lehrkraft fungiert lediglich als
Impulsgeber. Auch wenn mit der Ideensammlung die Komplexität erhöht wird, so hilft sie dennoch gerade denjenigen Kindern, die noch keine geeignete Schreibidee gefunden haben, die sich in eine Geschichte
umsetzen lässt (vgl. methodische Begründung). Methodisch stellt sie
deshalb auch ein qualitatives Differenzierungsangebot dar, wobei die
Besonderheit darin besteht, dass dieses Angebot nicht von der Lehrkraft
unterbreitet wird, sondern, im Sinne durchgängiger Schüleraktivierung,
von den Kindern der Klasse.

Methodisch legt auch die zweite Aufgabe das Gewicht auf den aktiven Kompetenzerwerb der Lernenden, die ausgehend von ihren Einfällen und den ihnen zur Verfügung stehenden narrativen Mustern eigene
Lösungswege finden können (vgl. didaktische Analyse). Ein in der Klasse
durchgängig verfügbarer Überarbeitungsbogen ermöglicht den Schülerinnen und Schülern eine kriterienorientierte Durchsicht ihrer Texte, die
sie alleine oder in Partnerarbeit durchführen können. Die Arbeitsphase
bekommt durch den Verweis auf eine deutlich sichtbare Uhr einen klaren
zeitlichen Rahmen. Kinder, die ihre Aufgaben fertig bearbeitet haben,
dürfen in der Märchenkiste stöbern (quantitative Differenzierung).

Nach Ablauf der Bearbeitungszeit wird der thematische und inhaltliche Bogen der Stunde geschlossen, indem die entstandenen Schülertexte in das Gedicht von Guggenmos eingebunden werden. Die Lehrkraft
liest zu diesem Zweck die Passagen über die Dinge in den Schubladen
vor, und einige Schülerinnen und Schüler tragen ihre Geschichten an der
jeweils entsprechenden Stelle vor. Auf diese Weise werden die Schülertexte abschließend zum Ausgangstext zurückgeführt.

Reflexion

In dieser Stunde sind alle Schülerinnen und Schüler zu Arbeitsergebnissen gekommen, die zu dem Schreibauftrag passen. Sie konnten die Gegenstände im Schubladenschrank als Hinweis auf eine hinter dem Gedicht liegende Handlung interpretieren und als Ausgangspunkt für eigene Erzählungen nutzen. Während der Erarbeitungsphase hat die Lehrkraft eine aktiv-begleitende Rolle eingenommen, um sicherzustellen, dass alle Kinder ihre Lernchancen nutzen können. In der Sicherungsphase konnten die entstandenen Texte in den erzählerischen Rahmen des Gedichtes zurückgeführt werden. Die anspruchsvollen gedanklichen und methodischen Schritte der Stunde konnten alle Kinder nachvollziehen. Das Lernziel, das auf die Anregung der Imaginationsfähigkeit bezogen ist, wurde erreicht. Die Entwicklung lebendiger Vorstellungen beim Lesen und Schreiben kann jedoch nicht wie inhaltsorientierte Lernziele mit Abschluss einer Lernsequenz als gesichert gelten. Kompetenzentwicklung erfordert eine kontinuierliche unterrichtliche Förderung an multiplen Inhalten und in unterschiedlichen Lernsituationen.

Anfängliche Verständnisschwierigkeiten bei der ersten Aufgabe konnten durch kurze Erläuterungen der Lehrkraft überwunden werden. Jedes Kind war motiviert, die Aufgabe zu verstehen und gut zu lösen. Innerhalb der eingeplanten Zeit konnten dann auch alle Schülerinnen und Schüler Vermutungen über die Herkunft eines selbst gewählten Gegenstandes aus dem Schubladenschrank auf einem Klebezettel stichwortartig festhalten. Die Präsentation der Ideen im Sitzkreis erfolgte präzise und strukturiert. Die Kinder waren in der Lage, im Rahmen der offenen Impulsgebung (,Lehrer legt einem Schüler den Erzählstein in die Hand') die Strukturvorgaben auf dem Klebezettel für die mündliche Vorstellung ihrer Ideen zu nutzen. Durch diese Vorarbeit leuchtete den Schülerinnen und Schülern der zweite Arbeitsauftrag, das Verfassen eigener Geschichten zu selbst gewählten Gegenständen, unmittelbar ein. Nur zwei Schülerinnen bekundeten zu Beginn der Arbeitsphase, dass sie die Aufgabe nicht verstanden hätten und ihnen noch keine passende Schreibidee gekommen sei. Als Differenzierungsangebot wäre es daher sinnvoll gewesen, die Kinder erst nach und nach aus dem Sitzkreis in den

Schreibprozess zu entlassen, um so, je nach Bedarf, vorab weitere individuelle Unterstützung bei Verständnisschwierigkeiten und bei der Ideengenerierung zu leisten.

5.4.2 **Lernsequenz VI**: *Figuren und Handlungen von Märchen kennen und
ein typisches Märchen selbst verfassen (3 Stunden)*

Kompetenzbereiche: über Leseerfahrungen verfügen / Texte schreiben **Standards (Schwerpunkte):** • verschiedene Erzähltexte kennen und voneinander unterscheiden • Kinderliteratur kennen: Figuren und Handlungen • nach Anregung eigene Texte schreiben **Bezug zu weiteren Standards:** • Schreibabsicht, Schreibsituation, Adressaten und Verwendungszu- sammenhang klären • sprachliche und gestalterische Mittel und Ideen sammeln: Wörter und Wortfelder, Formulierungen und Textmodelle • verständlich, strukturiert, adressaten- und funktionsgerecht schreiben • Texte an der Schreibaufgabe überprüfen • Texte in Bezug auf die äußere und sprachliche Gestaltung und auf die sprachliche Richtigkeit hin optimieren • Texte für die Veröffentlichung aufbereiten und dabei auch die Schrift gestalten
Kompetenzexegese: Die Schüler kennen verschiedene kinderliterarische Textsorten (u.a. Mär- chen) und können diese anhand ihrer typischen Merkmale von anderen Textsorten unterscheiden. Ausgehend von ihrer Leseerfahrung können sie charakteristische Figurenkonstellationen sowie Handlungs- und Er- zählmuster anhand von Beispielen benennen. An einprägsamen und typi- schen Beispielen erarbeitetes Wissen über textsortenspezifische Charakte- ristika hilft den Schülern bei der Orientierung in der literarischen Welt. Es bildet auch die Grundlage, um selbst Texte textsortenspezifisch zu schrei- ben.

Anforderungsniveaus der Lernaufgaben:
A. Die Schüler können typische Merkmale von Märchen benennen.
B. Die Schüler können diese Merkmale an Textbeispielen nachweisen.
C. Die Schüler können selbst ein typisches Märchen verfassen.

Lernziel:
Die Schüler entwickeln ihre Texterschließungskompetenz, indem sie charakteristische Merkmale von Märchen benennen, an Beispielen erläutern und selbst ein typisches Märchen verfassen.

Phase	Lehrer- und Schülerhandlungen
Hinführung/ Einstimmung	Informierender Unterrichtseinstieg: *„Heute wollen wir herausfinden, an welchen besonderen Merkmalen man Märchen erkennen kann. Danach schreibt jeder ein selbst ausgedachtes Märchen."* Die Lehrperson erläutert den Kindern im Sitzkreis, dass Märchen eine ganz besondere Sorte von Texten sind: *„Die meisten Märchen sind uralt, sie sind mehrere hundert Jahre alt. Früher, als nur wenige Menschen lesen konnten und es nur wenige Bücher gab, hat man Märchen nicht gelesen, sondern erzählt. Die Eltern haben sie ihren Kindern erzählt und diese haben sie, als sie erwachsen waren, ihren Kindern weitererzählt. Es gab auch meisterliche Märchenerzähler, die viele Märchen kannten. Sie zogen von Dorf zu Dorf und haben die Menschen mit ihren Erzählungen unterhalten. Die Menschen haben sich in Gruppen versammelt, so wie wir jetzt, und dem Märchenerzähler zugehört."* Die Lehrkraft verschwindet kurz, wirft sich in ein mittelalterliches Gewand (hier mag ein farbiges Tuch als Umhang genügen) und schlüpft in die Rolle des Märchenerzählers. Sie begrüßt ihre Zuhörer und *erzählt* das Märchen „Der süße Brei".

Erarbeitung I	Die Schüler überlegen gemeinsam mit der Lehrkraft, warum Menschen Märchen schon seit *so langer Zeit* gerne hören.
	Die Lehrkraft fragt die Schüler, woran man Märchen im Unterschied zu anderen Geschichten erkennt. Die Schüler verweisen auf die formelartigen Anfangs- und Schlusssätze, gute und böse Figuren und das gute Ende. Sie nennen jeweils Beispiele. Zudem grenzen sie Märchen von realistischen Geschichten ab. Die Lehrkraft ergänzt, dass die Hauptfiguren im Märchen häufig Sorgen oder Schwierigkeiten haben. Sie müssen oft Aufgaben lösen, bevor sie wieder glücklich werden, die Not ein Ende hat oder das Böse (meist in Gestalt einer Figur) besiegt wird. Die Schüler nennen auch für diese Merkmale verschiedene Textbeispiele.
Erarbeitung II	Die Schüler erhalten ein Arbeitsblatt mit dem Titel ,*Tipps zum Märchenschreiben*', das entlang des märchentypischen Handlungsverlaufs Anregungen zum eigenständigen Verfassen eines Märchens gibt.
	Die Schüler lesen die auf dem Blatt abgedruckte Aufgabe und erläutern in eigenen Worten, was sie tun sollen. Hervorgehoben wird das Ziel dieser Aufgabe, *richtige* Märchen zu schreiben.
	Die Schüler notieren zuerst ihre Märchenideen auf dem Arbeitsblatt und schreiben danach ein eigenes Märchen. Als qualitative Differenzierung stehen thematisch geordnete Kästchen bereit, in denen Märchenideen auf Wortkarten festgehalten sind (Rubriken: Märchenfiguren, Orte im Märchen, Sorgen und Nöte von Märchenfiguren).
Sicherung	• Die Kinder besprechen in Kleingruppen ihre Märchen (Schreibkonferenz). Mit Hilfe der ,Tipps zum Märchenschreiben' prüfen die Kinder, ob die verfassten

	Geschichten tatsächlich vollständige Märchen sind. Die Schüler sind angehalten, konstruktive Verbesserungsvorschläge aus den Schreibkonferenzen auch wirklich zur Überarbeitung ihrer Texte zu nutzen.
	• Veröffentlichung: Die Kinder schreiben ihre von der Lehrkraft im Hinblick auf sprachliche Richtigkeit korrigierten Märchen auf Schmuckpapier ab. Die Reinschrift heften sie in ihre Märchenmappe. Mit Kopien wird ein eigenes Märchenbuch für die Klassenbücherei erstellt.

Lernvoraussetzungen

Die Mehrheit der Kinder hat die *charakteristischen Figurenkonstellationen, Handlungsformen und Erzählmuster* von Märchen bereits gut in ihrer Lesesozialisation verinnerlicht. Zur Internalisierung sind reichhaltige Leseerfahrungen nötig. Viele Kinder berichteten, dass ihnen zu Hause Märchen vorgelesen wurden oder dass sie selbst schon einmal zum Märchenbuch gegriffen haben. Auch in der schulischen Lesepraxis spielen Märchentexte eine wichtige Rolle. Märchen finden sich in der Klassenbücherei, in den Lesebüchern und wurden im Unterricht bereits mehrmals aufgegriffen. Zudem haben die Kinder im 2. Schuljahr eine in der Schule alljährlich stattfindende Lesewoche unter das Rahmenthema Märchen gestellt. Während der Lesewoche wie auch in der aktuellen Einheit ist die Märchenlektüre nicht nur Gegenstand der Unterrichtsarbeit. Damit Lesen nicht als schulische Pflicht, sondern vor allem als lustvolle und anregende Erfahrung begriffen wird, wurden den Kindern freie Lesezeiten eingeräumt.

Im Laufe ihrer Lesesozialisation hatten die Kinder also in verschiedenen Zusammenhängen die Möglichkeit, *implizites Wissen über Märchen* aufzubauen. Die Ausprägung ihrer Textkompetenz wurde u.a. in der Bearbeitung der bisherigen Aufgaben dieser Einheit sichtbar. Insbesondere beim Weiterschreiben der Märchen „Sterntaler" und „Frau Holle" in

Lernsequenz I zeigte sich, ob oder inwieweit die Kinder in der Lage waren, in der typischen Art eines Märchens zu schreiben. Wie grundsätzlich in der Grundschularbeit zeigte sich auch hier eine deutliche Leistungsvarianz zwischen den Schülerinnen und Schülern. Allgemein kann man aber sagen, dass alle Kinder der Klasse über eine Vorstellung von Märchen als besonderer Textsorte verfügen. So konnten die Kinder in unterschiedlicher Ausführlichkeit die Komplikationshandlung der Märchen „Sterntaler" und „Frau Holle" weiterschreiben. Eine Reihe von Kindern konnte an den ‚Mangel', unter dem die Hauptperson leidet, in besonders guter Weise anknüpfen, die Komplikationshandlung unter dieser Perspektive fortführen und zu einer märchentypischen positiven Auflösung kommen. Dass sie in ihren Texten einen typischen Spannungsbogen konstruierten, wussten sie nicht, sie haben es implizit am Märchenmuster gelernt. Ein Schüler, der in der Regel sehr gute Geschichten verfasst, hat seine Märchenfortsetzung tragisch enden lassen, vermutlich weil ihn zurzeit zerstörerische und destruktive Kräfte faszinieren. In der gemeinsamen Besprechung dieses Textes wurde sachlich erläutert, dass er zwar eine spannende Geschichte geschrieben hat, dass es sich aber nicht um ein ‚richtiges Märchen' handelt, weil das gute Ende fehlt. Der Text macht in beispielhafter Weise deutlich, dass Kinder im Grundschulalter häufig nicht streng textsortenspezifisch schreiben (und dies bei vielen kreativen Schreibaufgaben auch nicht müssen), sondern eher die von ihnen internalisierten Textmuster nutzen, kreativ miteinander kombinieren und wieder durchbrechen, um eigene Schreibideen zu realisieren. Die Bemerkung zum Text war ein erster Schritt zur *Bewusstmachung des implizit bereits vorhandenen Wissens* der Kinder über die Textsorte Märchen. Da die implizite Wissensbasis bei allen Kindern vorausgesetzt werden kann, soll in dieser Lernsequenz der Schritt zur ersten Bewusstmachung und Verbalisierung getan werden. Auch der Schreibprozess soll nun im Vergleich mit den vorigen Aufgaben durch zunehmend bewusste und reflektierte Textsortenkenntnis geleitet werden. Auch wenn ein solches Vorgehen bei vielen kreativen Schreibaufgaben nicht im Vordergrund steht, sollen die Kinder auch in der Grundschule sukzessive an textsortenspezifisches Schreiben herangeführt werden.

Sachanalyse

Wie kann man typische Merkmale von *Volksmärchen* erkennen? Welche dieser Merkmale können im Unterricht aufgegriffen werden, um das Textbewusstsein von Kindern zu schulen? Diesen Fragen soll im Folgenden nachgegangen werden.

Der Aufbau von Volksmärchen ist einfach und für Kinder gut nachzuvollziehen. Märchen beginnen mit formelartigen Einleitungssätzen wie ‚Es waren' oder ‚Es war einmal'. Kinder können diese Sätze sofort als Erkennungszeichen von Märchen identifizieren. Sie stimmen die Kinder auf besondere Geschichten aus der Vergangenheit ein, die „wichtig, bedeutsam, jedenfalls des Erinnerns wert waren" (Schulz 2005, S. 23). Dass diese Geschichten keine Realität abbilden, sondern rein fiktiv sind, wissen Kinder. Mit der einleitenden Formel wird direkt in die Handlung eingestiegen. Märchen erzählen die Geschichte einer zumeist jungen Hauptfigur, die sich in einer misslichen, krisenhaften oder zumindest im Umbruch begriffenen Lebenslage befindet. Oft ist sie arm, allein oder unglücklich. Die Hauptfigur verlässt ihr gewohntes Umfeld und begibt sich auf abenteuerliche Wanderungen, auf denen sie Gefahren überwinden muss. Häufig muss die Hauptfigur verschiedene Prüfungen bestehen. Diese Prüfungen, oft zwei oder drei an der Zahl, strukturieren den Handlungsablauf. Am Ende wird die erfolgreiche Hauptperson belohnt. Besiegelt wird das glückliche Ende des Märchens meist mit einem formelhaften Schlusssatz (z.B. ‚Und wenn sie nicht gestorben sind, dann leben sie noch heute'). Dieses Grundmuster, das die Kinder verinnerlicht haben (vgl. Lernvoraussetzungen), kann im Unterrichtsgespräch an verschiedenen Beispielen rekonstruiert werden, wodurch sich ein vergleichender Blick auf Märchen eröffnet. Folgende Fragen dienen hier als Impulse: „Welche Sorgen und Nöte hat die Märchenfigur?" „Was muss sie tun, um wieder glücklich zu werden?" Diese auf das Grundmuster von Märchen verweisenden Fragen stehen auch im Mittelpunkt der ausgehändigten *Tipps zum Märchenschreiben* (vgl. methodische Begründung).

Märchen sind darüber hinaus gekennzeichnet durch eindimensionale Figuren und ihre Polarisierung zwischen gut und böse, arm und reich, klein und groß, hässlich und schön, fleißig und faul. Die gute Heldenfigur steht der bösen Kontrastfigur gegenüber. Als Figuren tauchen hauptsächlich Könige, Königinnen, Boten, sprechende Tiere, Prinzessinnen, Prinzen, Kinder, Stiefmütter, Bräutigame, Bräute, Feen, Elfen oder Zwerge auf. Die bösen Kontrastfiguren stammen zum Teil aus einer außermenschlichen Welt (Hexen, Zauberer, Drachen, etc.), die sich jedoch als selbstverständlicher Teil der Welt insgesamt darstellt. Diese polare Figurenkonstellation können Kinder leicht an verschiedenen Textbeispielen nachweisen.

Märchen sind des Weiteren zeitlich wie auch räumlich unbestimmt, d.h. die Schüler können nicht genau bestimmen, wann und wo sich die Handlung zuträgt. Man kann jedoch typische Märchenorte wie das Schloss, den Wald, den Kerker oder das Hexenhaus unterscheiden und mit den Kindern sammeln (vgl. methodische Begründung).

Didaktische Begründung

Im Schwerpunkt der Lernsequenz stehen folgende Kompetenzbeschreibungen der Bildungsstandards: ,verschiedene Erzähltexte kennen und voneinander unterscheiden', ,Kinderliteratur kennen: Figuren und Handlungen', ,nach Anregung eigene Texte schreiben'. Um Erzähltexte voneinander unterscheiden zu können, hilft die Kenntnis verschiedener literarischer Textsorten. Einprägsam können sich Kinder Textsortenmerkmale über jeweils charakteristische Figurenkonstellationen und Handlungsmuster erschließen. Die beiden zuerst genannten Kompetenzstandards stehen insofern in einem Verweisungszusammenhang. Die Kinder sollen diese Kompetenzen daher integrativ im Kontext der Unterrichtseinheit entwickeln. In der didaktischen Begründung stellt sich zunächst die Frage, warum die Kompetenz zur Unterscheidung von Textsorten bereits in der Grundschule angebahnt werden soll. Sodann ist näher zu erläutern, warum die Bestimmung von Textsorten über charakteristische Figurenkonstellationen und Handlungsmuster erfolgen kann. Abschließend ist die Frage zu beantworten, warum die Entwicklung dieser Kompetenzen sinnvollerweise durch die Beschäftigung mit Märchen angeregt wird.

Für Spinner bildet die Kenntnis zentraler Textsorten wie z.B. charakteristische Märchen, Sagen oder Gedichte einen unverzichtbaren Bestandteil literarischen Lernens. Ihm ist es wichtig, dass Textsortenmerkmale nicht auswendig gelernt werden und als ‚träges Wissen' rein äußerlich bleiben. Vielmehr soll Textsortenwissen in literarischen Gesprächen an „einprägsamen, typischen Beispielen" aufgebaut werden, die Orientierung in der literarischen Welt vermitteln." Als *Orientierungswissen* komme der Kenntnis von Textsorten eine wichtige Bedeutung zu, weil der Kulturbereich Literatur zunehmend unübersichtlich werde. In ihm steht „das verfremdende Spiel mit überkommenen Formen an der Tagesordnung (...) (man denke nur daran, was mit Märchen alles gemacht wird – von den parodistischen modernen Märchen bis zu den Disney-Verfilmungen)" (Spinner 2006, S. 10). Kurzum: Kinder sollen Vorstellungen von den Besonderheiten einzelner Textsorten gewinnen, damit sie die Welt der Literatur nicht als unüberblickbares Chaos erleben, sondern als überschaubares Feld, das man ordnen kann. Dies ist sowohl für ihre Gegenwart bedeutsam (etwa zur Orientierung in der Kinderbücherei) als auch für die in die Zukunft hineinreichende sukzessive Einführung in die Welt der Literatur. Die jeweilige Besonderheit der unterschiedlichen literarischen Textsorten können sich Kinder im Grundschulalter am besten durch die Auseinandersetzung mit charakteristischen Figurenkonstellationen und Handlungsmustern verdeutlichen. Wie bereits in der Beschreibung der Lernvoraussetzungen hervorgehoben wurde, verfügen die meisten Kinder über ein ausgeprägtes implizites Wissen über diese narrativen Strukturen, das man für die Bestimmung von Textmerkmalen heranziehen kann. Am Beispiel des Volksmärchens können sich Kinder die *relative Geschlossenheit einer Textsorte* besonders gut verdeutlichen. Geschichten mit einem tragischen Ende etwa fallen aus der Kategorie heraus. Grundsätzlich ist die in der Sachanalyse beschriebene Grundstruktur den Kindern leicht zugänglich. Ausgehend von ihren internalisierten literarischen Mustern erweitern die Schülerinnen und Schüler in dieser Lernsequenz ihre Texterschließungskompetenz, indem sie charakteristische Merkmale von Märchen benennen, an Beispielen erläutern und selbst ein typisches Märchen schreiben. Diese grundlegenden textanalytischen Fertigkeiten sind eine wichtige Voraussetzung für das reflektiv-analytische Arbeiten in höheren Klassenstufen.

Das an Märchen erworbene Wissen über Figurenkonstellationen und Handlungsmuster kann auch über diese Textsorte hinaus die genaue Textwahrnehmung fördern, denn märchentypische narrative Strukturen wurden in andere Bereiche der Kinderliteratur übertragen. Ihre charakteristischen Figurenkonstellationen und Handlungsmuster haben die Kinderliteratur insgesamt stark beeinflusst. So kann man märchentypische Erzählformen, Figurenkonstellationen und Handlungsmuster in Texten bekannter und bei Kindern beliebter Autoren wie Astrid Lindgren, Ottfried Preußler, Cornelia Funke oder Joanne K. Rowling nachweisen. Insgesamt ist die Adaption von Märchenstoffen in der fantastischen Kinderliteratur am stärksten ausgeprägt. Das bekannteste Beispiel hierfür ist sicherlich die Erzählung „Alice's Adventures in Wonderland" von Lewis Carrol. An Märchen kann insofern exemplarisch Textwissen erarbeitet werden, dass die Kinder in der Beschäftigung mit anderen fantastischen Geschichten nutzen können.

Methodische Begründung

Der informierende Unterrichtseinstieg dient der Herstellung von Ziel- und Verlaufstransparenz. Das gesamte methodische Arrangement der *Hinführungsphase* soll die Kinder auf die angekündigte Erarbeitung, d.h. die Auseinandersetzung mit besonderen Merkmalen von Märchen einstimmen. Dass es sich bei Märchen um eine besondere Textsorte handelt, verdeutlicht die Lehrkraft mit einem Verweis auf ihre mündliche Erzähltradition. Damit diese historische Perspektive den Kindern anschaulich wird, tritt sie in entsprechend angedeuteter Verkleidung als mittelalterlicher Märchenerzähler auf und trägt ein Märchen frei vor.

In den Erarbeitungsphasen werden unterschiedliche Zugänge zur textsortenspezifischen Charakteristik von Märchen gewählt. In der *Erarbeitungsphase I* steht das Benennen von Textmerkmalen im Vordergrund. Dieses Ziel ist rein kognitiv ausgerichtet und wird auf zeitökonomische Weise im Rahmen eines gelenkten Lehrergesprächs erreicht. Das Gespräch wird zeitlich knapp gehalten und durch die im Verlaufsplan genannten Impulse klar strukturiert, damit für alle Schülerinnen und Schüler der rote Faden erkennbar wird. Typische Erzählelemente, Figurenkonstellationen und Handlungsmuster werden der Reihe nach besprochen und an einprägsamen Beispielen verdeutlicht. Als sinnvolle methodische Erweiterung, von der jedoch aus zeitlichen Gründen abgesehen werden musste, könnten die Schüler die im Gespräch erarbeiteten Merkmale in Kleingruppen an einem Beispieltext nachweisen (Aufgabe: ‚Welche Merkmale von Märchen findet ihr in diesem Märchen wieder?').

Die *Erarbeitungsphase II* führt das bisher Erarbeitete weiter. Die Schülerinnen und Schüler sollen jetzt nicht nur Textmerkmale benennen und nachweisen, sondern selbst ein typisches Märchen verfassen. Als Bindeglied zwischen diesen unterschiedlichen Anforderungsniveaus fungiert das *Arbeitsblatt* ‚Tipps zum Märchenschreiben'. Es greift alle im Gespräch genannten Textmerkmale auf und regt die Kinder an, eigene Ideen für ein typisches Märchen zu finden. Das Arbeitsblatt fördert noch einmal die bewusste Auseinandersetzung mit Textmerkmalen, allerdings nicht nur auf einer analytischen Ebene, sondern ausgehend von der Fantasietätigkeit und Imaginationsfähigkeit der Schülerinnen und Schüler. Methodisch angeknüpft wird hier an Grundgedanken des handlungs- und produktionsorientierten Ansatzes der Literaturdidaktik und der prozessorientierten Schreibdidaktik. Die Kinder sollen Textmerkmale schriftlich umsetzen. Das Arbeitsblatt unterstützt die adäquate Einlösung des Schreibauftrages. Mit seiner Hilfe vollziehen die Kinder vor dem eigentlichen Schreiben einen Planungsschritt. Diese reflektierte Form des Schreibens ist als Kompetenzziel in den Bildungsstandards formuliert. Als qualitative Differenzierung wird zu den einzelnen Fragen des Arbeitsblattes eine Reihe von Märchenideen ausgelegt, die die Kinder als Hilfe heranziehen können.

Durch die Besprechung der Texte in der *Sicherungsphase* soll überprüft werden, ob die Kinder tatsächlich ein typisches Märchen verfasst und das Lernziel erreicht haben. Die ggf. inhaltlich verbesserten und in Reinschrift gebrachten Schülertexte werden in einem Märchenbuch veröffentlicht. Das gemeinsam erstellte Märchenbuch ist ein geeignetes symbolisches Zeichen für den Abschluss der Einheit.

Reflexion

Insgesamt betrachtet war diese Lernsequenz erfolgreich. Es herrschte eine angenehme Arbeitsatmosphäre und die Mehrheit der Kinder war durchgängig motiviert. Positiv eingestimmt hat die Schülerinnen und Schüler der Auftritt des ‚historischen Erzählers'. Sie haben ihm gespannt und zugewandt zugehört und wurden für die Besonderheit von Märchentexten sensibilisiert. Im Anschluss an die Erzählung bestand in der Klasse das Interesse, sich frei zum gehörten Märchen zu äußern. Da ein solches Gespräch nicht im Stundenschwerpunkt stand, musste es in Form einer kurzen Gesprächsrunde abgekürzt werden, die im Klassenverband als so genannte ‚Blitzrunde' ritualisiert ist.

Wie erwartet, konnten die Kinder in der Erarbeitungsphase I die Merkmale von Märchen problemlos erkennen und benennen. Die Erarbeitung II hat den Kindern konzentriertes und zielgerichtetes Arbeiten sowie Durchhaltevermögen abverlangt. Die schnellsten Kinder waren nach etwa 40 Minuten fertig, andere haben fast über eine gesamte Doppelstunde hinweg an ihrer Aufgabe gearbeitet. Bei den meisten Kindern war die Anstrengung von dem Stolz getragen, ein eigenes Märchen verfasst zu haben.

Allgemein merkte man, dass das konzeptionell geleitete Schreiben eine Kompetenz ist, die sich Kinder nach und nach erarbeiten müssen. Im Unterschied zu den bisherigen Aufgaben, in denen die Kinder ausgehend von einem literarischen Bezugstext eigene Texte geschrieben haben, kam es hier nicht gleich zu so genannten ‚flow-Erlebnissen' beim Schreiben. Die Kinder mussten zuerst überlegen und das Aufgabenblatt mit eigenen Ideen ausfüllen, was die meisten ohne Unterstützung realisiert haben. Bei der Sammlung von Märchenideen, die als Unterstützungsangebot bereitstand, haben sich auch leistungsstärkere Kinder bedient. Sie haben offenbar klar erkannt, dass sie ihre Texte auf diese Weise optimieren können. Einige leistungsschwächere Kinder mussten dagegen animiert werden, die Ideensammlung zu nutzen. Mit einigen zusätzlichen Hinweisen konnten aber auch sie Ideen für ein eigenes Märchen notieren. Die Ideen einiger Schülerinnen und Schüler waren sehr stark an bekannte Grimmsche Märchen angelehnt. Es musste vor dem eigentlichen Aufschreiben der Geschichte noch einmal darauf hingewiesen werden, dass die eigenen Märchen nur in etwa ähnlich sein dürfen wie die Texte im Märchenbuch. War in der Fantasie der Kinder aber erst einmal eine Handlung entstanden, fiel ihnen das Schreiben nicht schwer. So ist es allen Kindern gelungen, Geschichten zu schreiben, die als märchentypisch gelten können. Beeindruckend war die Qualität der erzielten Ergebnisse. Die meisten Aufsätze bestachen durch Originalität, spannende Erzählweise, Witz oder Tiefsinnigkeit. Man kann sagen, dass die Kinder ihre Fantasie sehr gut in der vorgegebenen narrativen Struktur entfalten konnten. Bei der Durchsicht der Schülertexte wurde ein weiterer Vorteil der Aufgabenstellung deutlich: Mädchen und Jungen konnten ihre geschlechtsspezifisch unterschiedlichen Interessen und literarischen Vorlieben in märchentypischen Rahmenhandlungen umsetzen. In Übereinstimmung mit älteren empirischen Befunden zu favorisierten Themen freier Texte (vgl. Röhner 1999) wählten die Mädchen der Klasse bevorzugt Themen wie Natur und Tiere, Freundschaft, Familie und Liebesbeziehungen, die im Märchen oft im Mittelpunkt stehen, wenn auch auf eindimensionaler Darstellungsebene. Es entstanden märchenhafte Erzählungen über Lebensthemen wie Angenommensein, Verlassensein, Glück und Leid. Typische Märchenfiguren in ihren Texten sind sprechende Tiere, Kinder, Mütter, Väter, Prinzessinnen und Prinzen. Kontrastfiguren sind zumeist böse Feen, Hexen oder Zauberer. Alle Jungen stellten dagegen in unterschiedlichen Variationen das ‚Abenteuer- und Heldenthema' in den Mittelpunkt. Sie schrieben Märchen über Könige, Ritter, Räuber, Zauberer, Drachen oder Wölfe. Die männlichen Hauptfiguren müssen sich bei Angriffen bewähren. Entwicklungspsychologisch betrachtet thematisieren die Jungen hier eine zentrale geschlechtypische Entwicklungsaufgabe: die ‚Eroberung' der Außenwelt. Alle entstandenen Texte können als authentische Dokumente von Bildungsprozessen betrachtet werden, in denen Mädchen und Jungen eigene Lebensthemen aufgreifen und ihr eigenes Ich ins Verhältnis zu den Anforderungen, Erwartungen und Herausforderungen ihrer Welt setzen.

Nicht alle Kinder haben es zeitlich geschafft, ihre Texte in einer Schreibkonferenz zu diskutieren. Positiv aufgefallen ist, dass die Kinder zunehmend besser aus Schreibkonferenzen Nutzen ziehen können. Durch die kontinuierliche Wiederholung dieses Verfahrens am Ende von Schreibaufgaben achten sie mehr auf die Verständlichkeit und Wirkung ihrer Texte. Auch die Bereitschaft zum Verbessern von Texten hat zugenommen, wenn auch nach wie vor die Lehrerrückmeldung in den Augen der Schülerinnen und Schüler mehr Gewicht hat als das Feed-back der Mitschüler.

6 Schlussbemerkung: Schulpraktische Möglichkeiten und Grenzen von Bildungsstandards

Die Einführung von Bildungsstandards ist mit ambitionierten Zielen verbunden. Durch die Lösung von engen inhaltlichen Lehrplanvorgaben zugunsten kompetenzorientierten Lehrens und Lernens sollen Lehrkräfte vor Ort ihren Schülerinnen und Schülern das Erreichen der Bildungsstandards ermöglichen. Die erfolgreiche schulpraktische Umsetzung von Bildungsstandards ist jedoch komplex, wie mit dieser Arbeit deutlich werden sollte. Der Implementierungsprozess wird in die Verantwortung zunehmend selbstständig arbeitender Schulen gelegt, wobei den Kollegien vielerorts bisher nicht in hinreichendem Maße Unterstützungsangebote durch z.b. schulinterne Fortbildungen unterbreitet werden. So wird von Lehrkräften verlangt, neben ihrem alltäglichen Unterrichtsgeschäft Wege zu den in diesem Buch beschriebenen neuen Akzentuierungen der pädagogischen Arbeit zu finden und zu beschreiten. Dies gelingt in der Regel nicht sofort, sondern setzt einen intensiven kollegialen Austausch in Fachkonferenzen und anderen pädagogischen Gremien voraus. Die beabsichtigte Neuausrichtung des Unterrichts kann jedoch nur dann zu Erfolgen führen, wenn sich die Lehrkräfte als zentrale Akteure der gegenwärtigen Bildungsreform begreifen, die auf der Basis ihres fachlichen, fachdidaktischen und diagnostischen Könnens die neuen, auf dem Papier ausgewiesenen kompetenzorientierten Bildungsprinzipien im Unterricht didaktisch-methodisch mit Leben füllen (vgl. Lersch 2008, S. 43). Dabei eröffnen sich eine Reihe von Chancen zur Verbesserung der Unterrichtsqualität, ebenso müssen aber auch Probleme erkannt, klar benannt und bearbeitet werden. Bisher wurden die mit Bildungsstandards verbundenen Chancen und Probleme primär aus bildungstheoretischer Sicht diskutiert und abgewogen. Im Mittelpunkt kritischer Diskussionen stand die Frage nach der Verwertbarkeit des erwarteten Outputs (vgl. z.b. Drieschner 2007, S. 194f.), die Reduktion schulischen Lernens auf die Vermittlung messbarer Kompetenzen (vgl. z.b. Plöger 2004; Spinner 2005), die normative curriculare Wendung der Leistungsdimensionen der PISA-Studie (vgl. z.b. Sill 2006; Krautz 2007), die Ökonomisierungstendenzen durch Outputsteuerung (vgl. z.b. Feltes/Paysen) sowie die Konzeptualisierungsprobleme der eingeführten Regelstandards (vgl. z.b. Hauler 2006).

Abschließend sollen diese bildungstheoretischen Problematisierungen ergänzt werden, indem auf *schulpraktische Möglichkeiten und Grenzen* von Bildungsstandards verwiesen wird, mit denen sich Lehrerinnen und Lehrer auseinandersetzen müssen. Thematisiert seien Möglichkeiten und Grenzen (1) der schulischen Ressourcen und Bedingungen des Implementierungsprozesses, (2) der Trennung von ‚Lernen' und ‚Leisten' unter den Bedingungen von Outputorientierung, (3) der Leistungsbewertung zwischen verstehender Beobachtung und Kompetenztests sowie (4) der Deduktion und Graduierung von Lernzielen aus Bildungsstandards.

(1)   Bildungsstandards sind eingebunden in Wirkungsannahmen über die Verbesserung der Unterrichtsqualität, die unter den konkreten institutionellen und kontextuellen Bedingungen vor Ort auch enttäuscht werden können. Beim Versuch der unterrichtlichen Neuausrichtung erfahren Lehrkräfte mitunter sehr früh die Diskrepanz zwischen den hohen Zielsetzungen, Hoffnungen und Verheißungen, die an Bildungsstandards geknüpft sind, und den z.T. recht begrenzten schulpraktischen Möglichkeiten und Ressourcen ihrer Umsetzung. Damit sich Lehrerkollegien systematisch mit den Bildungsstandards ihrer jeweiligen Schulstufe, den Ergebnissen von Vergleichsarbeiten und Lernstandstests befassen und Perspektiven zur Umsetzung kompetenzorientierten Lehrens und Lernens entwickeln können, benötigen sie Zeit, um diese Mehrarbeit zu bewältigen. Daher ist es notwendig, sie an anderer Stelle zu entlasten, damit nicht nur die sehr belastungsfähigen und engagierten Kolle-

ginnen und Kollegen, sondern alle schulischen Akteure an der Planung, Gestaltung und Reflexion der kompetenzorientierten Neuausrichtung des Unterrichts mitwirken können. Um den Arbeitsaufwand in Grenzen zu halten, sind auch pragmatische Lösungen der Fachkonferenzen gefordert. Hierzu zählen u.a. der *Austausch* und die *Diskussion* selbst entwickelter Arbeitsmaterialien, didaktischer Ideen und Angebote, die den neuen curricularen Anforderungen entsprechen, wie auch die *Anschaffung* geeigneter Lehrwerke und Lernhilfen. Das hat im Umkehrschluss zur Folge, dass veraltete Arbeitsmaterialien, Lehrwerke und Aufgabensammlungen, die den heutigen Anforderungen eben nicht Stand halten, endgültig aus den Klassenzimmern per Entscheid der Fachkonferenzen zu verbannen sind. In diesem Sinne sollten sämtliche in einer Schule eingesetzten Arbeitsmaterialien, Angebote und Aufgaben dahingehend geprüft werden, *was* mit ihnen gelernt und geleistet werden kann und inwieweit damit eine Kompetenzförderung in Hinblick auf Bildungsstandards möglich ist. Was die u.a. dadurch entstehende zusätzliche Arbeit der Lehrerkollegien insgesamt betrifft, muss auch die Bildungspolitik erkennen, dass eine kontinuierliche Entwicklung und Optimierung der Unterrichtsqualität nicht ohne eine Erhöhung der Ausgaben für Personal- und Sachmittel in Schulen zu realisieren ist. So wird der Umfang der sinnvoll in der unterrichtlichen Qualitätsentwicklung eingesetzten Ressourcen über den langfristigen Erfolg der Reformmaßnahmen maßgeblich mitentscheiden.

(2)   Die Unterscheidung der strukturell und funktionell verschiedenen Unterrichtsbereiche ‚Lernen' und ‚Leisten' fällt unter den Bedingungen von Outputorientierung nicht immer leicht. Dieses Problem resultiert vermutlich daraus, dass Bildungsstandards hauptsächlich über Vergleichsstudien und *Evaluationsaufgaben* in die Schulen einfließen und weniger über *Unterrichtsaufgaben*, welche die curricular ausgewiesenen Kompetenzen unter fachdidaktischer Perspektive in Lehr-Lernarrangements übersetzen. Der schulprak-

tische Bedarf an geeigneten Unterrichtsaufgaben ist groß. Bisher
steckt der kompetenzorientierte Ansatz im didaktischen Kernbe-
reich der Aufgabenentwicklung noch in den Kinderschuhen. Die
Bildungsserver vieler Länder geben zwar Erläuterungen zu den
Standards und den länderspezifischen Bildungsplänen bzw. Kerncurricula, es finden sich aber noch nicht hinreichend Beispiele für
*Unterrichts*aufgaben, welche die verschiedenen Kompetenzbereiche schulischen Lernens abdecken und angemessen verknüpfen.
Die sinnvolle Abstufung von Anforderungsniveaus sowie die Vernetzung von Kompetenzen, Inhalten und Lernwegen müssen die
Lehrkräfte bei der Konzeption kompetenzfördernder Aufgaben
häufig ohne hinreichende Orientierungsvorgaben leisten. *Evaluati-*
*ons*aufgaben, die zur Leistungserfassung qua Test dienen, stehen
dagegen in einem viel größeren Umfang zur Verfügung. So kommen in den Tagen und Wochen vor Vergleichsarbeiten verstärkt
VERA-Beispielaufgaben in den Schulen zum Einsatz. Zahlreiche
Verlage bieten zudem eigene Kompetenztests für die Kernfächer in
verschiedenen Klassenstufen und Schulformen an. Es zeichnet sich
folglich ein ungleiches Verhältnis von Unterrichts- und Evaluationsaufgaben ab, das sicherlich auf der engen Verbindung von
kompetenzorientierter Didaktik und empirischer Bildungsforschung beruht. Als problematische Nebenfolge mag daraus eine
unzureichende Unterscheidung oder sogar Gleichsetzung *von ,Leis-*
tung' und *,Kompetenz'* und mithin von *,Lernen'* und *,Testieren'* resultieren, die sich durch mögliche Koppelungen von Vergleichsarbeiten und Abschlussnoten noch verstärken würde. Dieser Gleichsetzung sollten Lehrerinnen und Lehrer bei der Planung und Durchführung kompetenzorientierten Unterrichts nicht erliegen, um Bildungsstandards nicht als neue *Selektions-*, sondern als *Förderin-*
strumente wahrzunehmen. Der Pädagogische Psychologe Franz-E.
Weinert, dessen Kompetenzbegriff den Bildungsstandards zu
Grunde gelegt wurde, hat in diesem Zusammenhang immer wieder die Notwendigkeit betont, Situationen des Lernens und des
Leistens aufgrund ihrer strukturellen Unterschiedlichkeit klar von-

einander zu trennen (vgl. Weinert 1998). Während es in Leistungs-
situationen auf das Erzielen von Erfolgen und das Vermeiden von
Fehlern ankommt, sollen in Lernsituationen neue Kenntnisse, Fähigkeiten und Fertigkeiten ohne blockierende Angst vor Fehlern
angebahnt, erworben oder gefestigt werden. Diesen verschiedenen
unterrichtlichen Situationen entsprechen die beiden oben genannten Aufgabentypen. Mit dieser Trennung soll nicht in Abrede gestellt werden, dass Schülerinnen und Schüler auch an Evaluationsaufgaben Kenntnisse und Fähigkeiten erwerben können. Aufgrund
ihrer Leistungsorientierung und Verengung auf isolierte Teilkompetenzen sollte diese Aufgabenart jedoch nicht das Unterrichtsgeschehen dominieren. Die Aufgabenformate, die im Rahmen der
dokumentierten Lerneinheit erstellt wurden *(vgl. Kapitel 5)*, verstehen sich dagegen als Beitrag zur Entwicklung kompetenzorientierter Unterrichtsaufgaben, die anders als die zumeist eng geführten
Evaluationsaufgaben kompetenzbereichübergreifend angelegt
sind. Die Anzahl der Kompetenzstandards, zu deren Erlangen die
Bearbeitung einer Aufgabe sinnvollerweise beitragen kann, galt bei
der Planung der Einheit als Prüfstein für die Aufnahme einer Auf-
gabenidee in die Unterrichtsreihe oder für ihre Verwerfung. Für
den Fortschritt im Bereich der Entwicklung von Unterrichtsaufgaben insgesamt sind fortlaufende Anstrengungen der Schulen, der
Schulbuchverlage und der Wissenschaft erforderlich. Die Kooperation dieser Bereiche könnte gewährleisten, dass die spezifischen
Beiträge der verschiedenen Gruppen sinnvoll verbunden werden.
Eine führende Rolle in diesem Prozess könnten Reformschulen wie
z.B. die Hamburger Max-Brauer-Schule übernehmen, die bereits
erfolgreich mit so genannten ‚Kompetenzrastern‛ *(vgl. Kapitel 4.4.1)*
und darauf abgestimmten Lernaufgaben arbeitet. Da Lehrkräfte
viel aus der Praxis anderer Schulen lernen können, bietet es sich
an, die an einem Ort entwickelten kompetenzfördernden Aufga-
ben- und Unterrichtsbeispiele im pädagogischen Fachdiskurs über
‚best-practice-Berichte‛ zu verbreiten. Besonders erfolgverspre-

chende Aufgabenformate könnten zudem online über die Einrichtung von Aufgabenpools veröffentlicht werden.

(3) Was die Methodik der Leistungsfeststellung und -beurteilung im kompetenzorientierten Ansatz betrifft, so lassen sich in Vereinfachung der Fachdiskussion zwei unterschiedliche Meinungen voneinander unterscheiden. Der Mainstream der Kompetenztheoretiker – in ihrer Herkunft empirische Bildungs- und Unterrichtsforscher – betont die Notwendigkeit kontinuierlicher *Kompetenztests* zur Diagnose und Evaluation der Schülerleistungen und des Unterrichtserfolges. Im Sinne einer konsequenten Outputorientierung sollen Kompetenzen regelmäßig und einheitlich mit Hilfe von Testverfahren überprüft werden. Die Gegenposition zeigt sich gegenüber permanenten Leistungstests kritisch, weil diese die Leistungsmotivation langfristig mindern können, und sieht in Bildungsstandards eher einen Orientierungsrahmen zur Erstellung von *Kompetenzbeschreibungen, Kompetenzprofilen* oder *Kompetenzrastern*. Lehrkräfte sollten angesichts dieser Polarisierung nicht Vereinfachungen anheimfallen, die zu Einseitigkeiten der Leistungsfeststellung und -beurteilung führen. Die Grenzen der beiden Ansätze, d.h. einerseits die Verengung auf testierbare Fähigkeiten und andererseits Leistungsbeschreibungen, die nicht letztgültig objektivierbar sind, lassen sich durch ihre Integration ausgleichen. Der Vorteil von *Kompetenzrastern (vgl. Kapitel 4.4.1)* als qualitativem E-valuationsverfahren besteht darin, dass differenzierte und transparente Leistungsrückmeldungen an die Schülerinnen und Schüler gegeben werden können. *Kompetenzbeschreibungen* sind u.a. durch die Auswertung von Portfolios möglich. In der in *Kapitel 5* dargestellten Unterrichtseinheit sammeln alle Schülerinnen und Schüler ihre Arbeitsergebnisse in einem Portfolio. In der Auswertung des Portfolios kann zunächst rein quantitativ festgestellt werden, wie viele der auf unterschiedlichen Kompetenzniveaus angelegten Aufgaben bearbeitet wurden. Diese quantitative Auswertung vermittelt einen ersten Eindruck vom Arbeitstempo und der Leis-

tungsfähigkeit eines Schülers bzw. einer Schülerin. Leistungsstarke Schüler haben das gesamte Spektrum an Aufgaben bearbeitet. Weniger leistungsstarke konnten Aufgaben auf höheren Niveaustufen auslassen. Daran anschließend kann eine kriteriengeleitete Auswertung der bearbeiteten Aufgaben unter der Frage erfolgen, ob die Aufgaben entsprechend den Ergebniserwartungen gelöst wurden. Schriftlich und mündlich können auf dieser Grundlage differenzierte Leistungsrückmeldungen gegeben werden, die schülerorientiert den Blick auf das ‚kompetente Kind' richten und von seinen vorhandenen bzw. weiterzuentwickelnden Kenntnissen, Fähigkeiten, Fertigkeiten und Einstellungen ausgehen. ‚Blinde Flecke' von Kompetenzrastern und Kompetenzbeschreibungen können über standardisierte Kompetenztests ausgeglichen werden. Solche Leistungsfeststellungen bleiben allerdings ein reines Selektionsinstrument, wenn aus ihnen nicht individualisierte Fördermaßnahmen erwachsen. In der förderdiagnostischen Testentwicklung wird daher die Erstellung solcher Testformate angestrebt, die ausgehend von der Ermittlung der Stärken und Schwächen einer Schülerin bzw. eines Schülers angepasste Materialien zur individualisierten Förderung bereitstellen.

(4) Wie im Praxisteil dieser Arbeit erprobt und bestätigt wurde, eröffnen die didaktischen Modelle und Leitlinien kompetenzorientierten Unterrichtens die Möglichkeit, Bildungsstandards, Inhalte und Lernwege so miteinander zu vernetzen, dass bei den Schülerinnen und Schülern die Entwicklung der angestrebten Kenntnisse, Fähigkeiten und Einstellungen gefördert wird. Der Vorteil gegenüber vielen anderen didaktischen Konzepten besteht vor allem darin, dass diese Form der curricular geleiteten Lehrerarbeit das didaktisch-methodische Denken diszipliniert und auf grundlegende und übergreifende Ziele von Schule richtet. Diese Orientierung stellt eine Verbesserung der Unterrichtsqualität in Aussicht. Des Weiteren haben sich die Ableitung von Lernzielen aus Kompetenzstandards sowie die Abstufung unterrichtlicher Anforderungsniveaus

durch die „Exegese von Kompetenzen" als durchaus praktikable didaktische Verfahren erwiesen, wobei kritisch einzuwenden ist, dass die Auslegung von Bildungsstandards letztlich subjektiv und von persönlichem Interesse geleitet bleibt, weil die Kompetenzformulierungen z.t. unpräzise sind und einen großen Interpretationsspielraum lassen. „Ohne empirisch abgesicherte Kompetenzstufenmodelle wird es (daher) nicht möglich sein, einheitlich zu formulieren, zu diagnostizieren und sicherzustellen, wann Schülerinnen und Schüler z.b. über eine Kompetenz in ‚anfänglicher, aber hinreichender Weise' verfügen. Infolgedessen kann der Qualitätsanspruch des Programms ‚Bildungsstandards', verbindliche und klare Anforderungen über die Grenzen der Einzelschule hinweg einzurichten und so für mehr Transparenz im Bildungssystem zu sorgen, durch selbst erstellte Kompetenzstufen nicht hinreichend gewährleistet werden" (Drieschner 2008, S. 564). Dennoch können selbst gestufte Kompetenz- bzw. Anforderungsniveaus als Orientierungsrahmen für die *Progression von Lernwegen*, die *Differenzierung des Lernangebotes* und die *Einordnung und Diagnose von Lernerfolgen* als wichtige Weiterentwicklung des professionell-pädagogischen Handlungsrepertoires betrachtet werden, insofern sie Lehrkräfte befähigen, Lernwege ausgehend von einem verbindlich zu erreichenden Minimalniveau zu stufen. Grundsätzlich sind daher Kompetenzorientierung und Standardisierung der richtige und zu Recht empfohlene Weg. Die schulpraktischen und bildungswissenschaftlichen Bemühungen auf diesem Weg werden sich zukünftig jedoch verstärkt darauf richten müssen, zu Aufgabenformaten mit zunehmend trennscharfen Kompetenzniveaus zu kommen, die in empirisch abgesicherten Kompetenzstufenmodellen verortet sind.

Im Ganzen ist für die gelingende Implementation von Bildungsstandards das noch zu optimierende Zusammenspiel von Bildungsforschung, Bildungspolitik und praktischer Pädagogik entscheidend. Bisher wird die praktische Umsetzung von Bildungsstandards durch die begrenzten schulischen Ressourcen zur unterrichtlichen Qualitätsentwicklung, die konzeptionellen Defizite der Bildungsstandards und die durch Evaluations- und Vergleichsarbeiten begünstigte Gleichsetzung von Leistung und Kompetenz erschwert. Sofern Bildungsstandards auf kumulativ-vernetztes Lernen zielen und Leistungsfeststellungen konsequent mit individualisierten Fördermaßnahmen verbunden werden, erscheinen Standardisierung und Kompetenzorientierung dennoch als richtige Maßnahmen zur Reform des Bildungswesens. Wie Peter Zedler betont, darf hinter den curricularen Normsetzungen jedoch die *pädagogische Leistungsfähigkeit* einer Schule nicht aus dem Blick geraten, die darin besteht, „die Differenz zwischen den gegebenen und anvisierten Voraussetzungen der Schüler für einzelne Leistungsdimensionen (zu verringen, E.D.)" (Zedler 2007, S. 67). Maßstäbe der pädagogischen Leistungsfähigkeit bilden die investierte Zeit und der Aufwand an pädagogischen Maßnahmen zur Überwindung dieser Differenz, die je nach der sozialen Zusammensetzung der Schülerschaft unterschiedlich ausfallen, in Leistungsevaluationen nach Bildungsstandards jedoch keine Berücksichtigung finden. Über Vergleichsarbeiten wird „jedem Schüler und jeder Schule, die diese Ziele nicht erreicht, tendenziell ein defizitärer Status zugewiesen, der in seiner klimatischen Wirkung das Gegenteil dessen produziert, was für ein Erreichen entsprechend gelagerter Zielsetzungen nachweislich erforderlich ist" (ebd.). In Abgrenzung zu einer ‚Orthodoxie' von Bildungsstandards und überzogenen Gültigkeitsansprüchen an Vergleichsarbeiten sind daher die Chancen und Grenzen kompetenzorientierten Unterrichts klar zu vermessen. Das übergreifende Ziel richtet sich auf die pädagogische Förderung und Forderung aller Schülerinnen und Schüler vor dem Hintergrund verbindlicher Standards und nicht auf die Erreichung guter Evaluationsergebnisse als Selbstzweck.

Literaturverzeichnis

Abraham, Ulf/Baurmann, Jürgen u.a. (2007): Kompetenzorientiert unterrichten. Überlegungen zum Schreiben und Lesen. In: Praxis Deutsch 34, Nr. 182, S. 6-14.

Artelt, Cordula/Riecke-Baulecke, Thomas (2004): Bildungsstandards: Fakten, Hintergründe, Praxistipps. München: Oldenbourg.

Aurin, Kurt (1991): Gute Schulen – worauf beruht ihre Wirksamkeit? 2. Aufl. Bad Heilbrunn: Klinkhardt.

Ausubel, David (1974): Psychologie des Unterrichts. Weinheim u.a.: Beltz.

Bartnitzky, Horst/Brügelmann, Hans (2004): Stellungnahme des Grundschulverbandes zu: „Bildungsstandards" Deutsch und Mathematik für die Primarstufe. URL: http://www.grundschulverband.de/-filmin/grundschulverband/Download/Bildungspolitik/standards_-KMK_Allg_Stellungn052004.pdf (abgerufen am 30.06.08).

Becker, Georg E. (1995):Lehrer lösen Konflikte. Weinheim u.a.: Beltz.

Bernhardt, Dominik/Gürtler, Leo u.a. (2008): Innovative Lernumgebungen und die Gestaltung von Aufgaben. Aufgabenkultur und Unterrichtsqualität: Viel Lärm um nichts? In: Pädagogik 60, Nr. 3, S. 12-16.

Beste, Gisela (2007): Deutsch-Methodik: Handbuch für die Sekundarstufe I und II. Berlin: Cornelsen Scriptor.

Bettelheim, Bruno (1977): Kinder brauchen Märchen. Stuttgart: Deutsche Verlags-Anstalt.

Bildungskommission NRW (1995): Zukunft der Bildung – Schule der Zukunft. Neuwied u.a.: Luchterhand.

Blankertz, Herwig (1975): Theorien und Modelle der Didaktik. 9. neubearb. und erw. Aufl. München u.a.: Juventa.

Bloom, Benjamin S. (Hrsg.) (1956): The Taxonomy of Educational Objectives. Handbook I: Cognitive Domain. New York: McKay.

Bönsch, Manfred (1995): Differenzierung in Schule und Unterricht. Ansprüche, Formen, Strategien. München: Ehrenwirth.

Bönsch, Manfred (2008): Pädagogik und (ihre) Zeit. In: Pädagogik 60, Nr. 8, S. 36-39.

Bonsen, Martin/Bos, Wilfried u.a. (2007): Interpretation von Leistungsvergleichsdaten - Fragen an das deutsche Schulsystem. In: Henschel, A./Krüger, Rolf u.a. (Hrsg.): Jugendhilfe und Schule. Handbuch für eine gelingende Kooperation. Wiesbaden: VS Verlag für Sozialwissenschaften, 2007. S. 54-68.

Bos, Wilfried/Hornberg, Sabine u.a. (Hrsg.) (2007): IGLU 2006. Lesekompetenzen von Grundschulkindern in Deutschland im internationalen Vergleich. Münster u.a.: Waxmann.

Böttcher, Wolfgang (2006): Outputsteuerung durch Bildungsstandards. In: Buchen, Herbert/Rolff, Hans-G. (Hrsg.): Professionswissen Schulleitung. Weinheim u.a.: Beltz, S. 673-710.

Bremerich-Vos, Albert/Granzer, Dietlinde u.a. (Hrsg.) (2008): Lernstandsbestimmung im Fach Deutsch. Gute Aufgaben für den Unterricht. Weinheim u.a.: Beltz.

Büker, Petra (2006): Qualitätssicherung ästhetischen Lernens durch prozessorientierte Evaluation. In: Kammler, Clemens (Hrsg.): Literarische Kompetenzen – Standards im Literaturunterricht. Modelle für die Primar- und Sekundarstufe. Seelze: Kallmeyer in Verbindung mit Klett, S. 24-49.

Busemann, Bernd/Oelkers, Jürgen u.a. (Hrsg.) (2007): Eigenverantwortliche Schule – ein Leitfaden. Konzepte, Wege, Akteure. Köln: LinkLuchterhand.

Deci, Edward L./Ryan, Richard M. (1993): Die Selbstbestimmungstheorie der Motivation und ihre Bedeutung für die Pädagogik. In: Zeitschrift für Pädagogik 39, Nr. 2, S. 223-238.

Dehn, Mechthild (2005): Schreiben als Transformationsprozess. Zur Funktion von Mustern: literarisch - orthografisch - medial. In: Dehn, Mechthild, Hüttis-Graff, Petra (Hrsg.): Kompetenz und Leistung im Deutschunterricht. Spielraum für Muster des Lernens und Lehrens. Freiburg im Breisgau: Fillibach, S. 9-32.

Deutsches PISA-Konsortitium (Hrsg.) (2001): Pisa 2000. Basiskompetenzen von Schülerinnen und Schülern im internationalen Vergleich. Opladen: Leske + Budrich.

Diefenbach, Heike (2007): Kinder und Jugendliche aus Migrantenfamilien im deutschen Bildungssystem. 2. aktualis. Aufl. Wiesbaden: VS-Verlag für Sozialwissenschaften.

Drieschner, Elmar (2007): Erziehungsziel „Selbstständigkeit". Grundlagen, Theorien und Probleme eines Leitbildes der Pädagogik. Wiesbaden: VS Verlag für Sozialwissenschaften.

Drieschner, Elmar/Gaus, Detlef (2007): Informationskompetenz von Pädagogen. Zur Konzeptualisierung eines Studien-Moduls zwischen hochschuldidaktischen und hochschulorganisatorischen Herausforderungen. In: Pädagogische Rundschau 61, Nr. 4, S. 381-395.

Drieschner, Elmar (2008): Bildungsstandards und Kompetenzauslegung. Zum Problem ihrer praktischen Umsetzung In: Pädagogische Rundschau 62, Nr. 5, S. 557-572.

Eikenbusch, Gerhard (2008): Aufgaben, die Sinn machen. Wege zu einer überlegten Aufgabenpraxis im Unterricht. In: Pädagogik 60, Nr. 3, S. 6-11.

Erikson, Erik H. (1966): Identität und Lebenszyklus. Frankfurt/M.: Suhrkamp.

Esslinger-Hinz, Ilona/Unseld, Georg u.a. (2008): Guter Unterricht als Planungsaufgabe. Ein Studien- und Arbeitsbuch zur Grundlegung unterrichtlicher Basiskompetenzen. Bad Heilbrunn: Klinkhardt.

Feltes, Torsten/Paysen, Marc (2005): Nationale Bildungsstandards: Von der Bildungs- zur Leistungspolitik. Hamburg: VSA.

Fend, Helmut (2008): Schule gestalten. Systemsteuerung, Schulentwicklung, Unterrichtsqualität. VS-Verlag für Sozialwissenschaften.

Feuchthofen, Jörg (2008): Lesekompetenz – Schlüssel zum beruflichen Erfolg oder tickende Zeitbombe? Manuskript (Vortrag vor dem Studienseminar Lüneburg für das Lehramt an Grund-, Haupt- und Realschulen, 10. April 2008).

Fuchs, Hans-W. (2003): Auf dem Weg zu einem Weltcurriculum? Zum Grundbildungsbegriff von PISA und der Aufgabenzuweisung an die Schule. In: Zeitschrift für Pädagogik 49, Nr. 3, S. 161-179.

Granzer, Dietlinde (2008): Bildungsqualität entwickeln durch Implementation und Evaluation von Standards. In: Granzer, Dietlinde/Wendt, Peter u.a. (Hrsg.): Selbstevaluation in Schulen. Theorie, Praxis und Instrumente. Weinheim u.a.: Beltz, S. 49-61.

Granzer, Dietlinde/Böhme, Katrin u.a. (2008): Kompetenzmodelle und Aufgabenentwicklung für die standardisierte Leistungsmessung im Fach Deutsch. In: Bremerich-Vos/Granzer, Dietlinde u.a. (Hrsg.): Lernstandsbestimmung im Fach Deutsch. Gute Aufgaben für den Unterricht. Weinheim u.a.: Beltz, S. 10-28.

Greiner, Ulrich (1999): Bildung heute. In: Die Zeit, Nr. 49 (4.12.1999), S. 61-62.

Grell, Jochen/Grell, Monika (1979): Unterrichtsrezepte. Urban & Schwarzenberg.

Groß Ophoff, Jana u.a. (2007): Unterstützungsangebote im Zusammenhang mit den Vergleichsarbeiten in Mecklenburg-Vorpommern. In: Möller, Kornelia/Beinbrech, Christina u.a. (Hrsg.): Qualität von Grundschulunterricht entwickeln, erfassen und bewerten. Wiesbaden: VS-Verlag für Sozialwissenschaften [Jahrbuch Grundschulforschung. 11], S. 83-86.

Gudjons, Herbert (2007): Frontalunterricht - neu entdeckt. Integration in offene Unterrichtsformen. 2., durchges. Aufl. Bad Heilbrunn: Klinkhardt.

Guggenmos, Josef (1989): Es gingen drei Kinder durch den Wald. Weinheim u.a.: Beltz.

Hauler, Anton (2006): Bildungsstandards zwischen reformerischem Anspruch und curricularer Wirklichkeit. In: Institut für Weiterbildung

Pädagogische Hochschule Heidelberg (Hrsg.): Perspektiven zur pädagogischen Professionalisierung 71, S. 5-15.

Heckt, Dietlinde H./Jürgens, Eiko (2005): Was bedeuten Bildungsstandards für die Grundschule? In: Hellmich, Frank (Hrsg.): Lehren und Lernen nach IGLU – Grundschulunterricht heute. Oldenburg: Didaktisches Zentrum, S. 43-56.

Heid, Helmut (2005): Ist die Verwendbarkeit des Gelernten ein Qualitätskriterium der Bildung? In: Heid, Helmut/Harteis, Christian (Hrsg.): Verwertbarkeit. Ein Qualitätskriterium (erziehungs-)wissenschaftlichen Wissens? Wiesbaden: VS Verlag für Sozialwissenschaften, S. 95-116.

Heid, Helmut (2007): Was vermag die Standardisierung wünschenswerten Lernoutputs zur Qualitätsverbesserung des Bildungswesens beizutragen? In: Benner, Dietrich (Hrsg.): Bildungsstandards. Instrumente zur Qualitätssicherung im Bildungswesen. Paderborn u.a.: Schöningh, S. 29-48.

Helmke, Andreas (2007): Unterrichtsqualität erfassen, bewerten, verbessern. 5. Aufl. Seelze: Kallmeyer in Verbindung mit Klett.

Heymann, Hans W. (2004): Besserer Unterricht durch Sicherung von „Standards"? In: Pädagogik 56, Nr. 6, S. 6-9.

Hornberg, Sabine/Bos, Wilfried (2007): Schule als Ort der Bildung – Schule im internationalen Vergleich: Der Beitrag von internationalen Schulleistungsstudien am Beispiel von PIRLS/IGLU. In: Harring, Marius/Rohlfs, Carsten u.a. (Hrsg.): Perspektiven der Bildung. Kinder und Jugendliche in formellen, nicht-formellen und informellen Bildungsprozessen. Wiesbaden: VS Verlag für Sozialwissenschaften, S. 155-184.

Hurrelmann, Bettina (2007): Modelle und Merkmale der Lesekompetenz. In: Bertschi-Kaufmann, Andrea (Hrsg.): Lesekompetenz, Leseleistung, Leseförderung. Grundlagen, Modelle und Materialien. Seelze: Kallmeyer in Verbindung mit Klett, S. 18-28.

Hüttis-Graf, Petra (2005): Lernen und Leisten: Kompetenz erschließen – Leistung messen. In: Dehn, Mechthild/Hüttis-Graff, Petra (Hrsg.):

Kompetenz und Leistung im Deutschunterricht. Freiburg im Breisgau: Fillibach, S. 33 – 53.

Iser, Wolfgang (1975): Die Appellstruktur der Texte. Unbestimmtheit als Wirkungsbedingung literarischer Prosa. In: Warning, Rainer (Hrsg.): Rezeptionsästhetik. München: Fink, S. 228-252.

Jürgens, Eiko (2006): Offener Unterricht. In: Arnold, Karl-H./Sandfuchs, Uwe u.a. (Hrsg.): Handbuch Unterricht. Bad Heilbrunn: Klinkhardt, S. 280-284.

Kammler, Clemens (2007): Literarische Kompetenzen – Standards im Literaturunterricht. Anmerkungen zum Diskussionsstand. In: Kammler, Clemens (Hrsg.): Literarische Kompetenzen – Standards im Literaturunterricht. Modelle für die Primar- und Sekundarstufe. Seelze: Kallmeyer in Verbindung mit Klett, S. 7-23.

Kiper, Hanna (2007): Bildungspolitik nach PISA. Chancen und Grenzen neuer Steuerungsinstrumente. In: Päd Forum 33, Nr. 1: Unterrichten und Erziehen, S. 43-50.

Klafki, Wolfgang (1996): Neue Studien zur Bildungstheorie und Didaktik: zeitgemäße Allgemeinbildung und kritisch-konstruktive Didaktik. 5. unveränd. Aufl. Weinheim u.a.: Beltz.

Klafki, Wolfgang (1997): Unterricht. In: Wulf, Christoph (Hrsg.): Vom Menschen. Handbuch historische Anthropologie. Weinheim u.a.: Beltz, S. 788-797.

Klein, Helmut E. (2008): Pro: Wettbewerb. Wettbewerb fördert Schulqualität. In: Schulmanagement 39, Nr.2, S. 11-14.

Klieme, Eckhard u.a. (2003): Zur Entwicklung nationaler Bildungsstandards. Eine Expertise. Hrsg. v. Bundesministerium für Bildung und Forschung. Berlin.

Klieme, Eckhard (2004a): Was sind Kompetenzen und wie lassen sie sich messen? In: Pädagogik 56, S. 10-13.

Klieme, Eckhard (2004b): Begründung, Implementation und Wirkungen von Bildungsstandards. Aktuelle Diskussionslinien und empirische Befunde. In: Zeitschrift für Pädagogik 50, Nr. 5, S. 625-634.

Klieme, Eckhard (2005): Bildungsqualität und Standards. Anmerkungen zu einem umstrittenen Begriffspaar. In: Becker, Gerold u.a. (Hrsg.):

Standards. Unterrichten zwischen Kompetenzen, zentralen Prüfungen und Vergleichsarbeiten. Friedrich Jahresheft XXIII, S. 6-7.

Klieme, Eckhard/Hartig, Johannes (2008): Kompetenzkonzepte in den
Sozialwissenschaften und im erziehungswissenschaftlichen Diskurs. In: Zeitschrift für Erziehungswissenschaft 10, Sonderheft
8/2007, S. 11-32.

KMK: siehe ‚Sekretariat der Ständigen Konferenz der Kultusminister der
Länder in der Bundesrepublik Deutschland‘

Knauf, Anne/Liebers, Katrin (2005): Länderübergreifende Curricula für
die Grundschule. Bad Heilbrunn: Klinkhardt.

Köller, Olaf (2007): Bildungsstandards, einheitliche Prüfungsanforderun-
gen und Qualitätssicherung in der Sekundarstufe II. In: Benner,
Dietrich (Hrsg.): Bildungsstandards. Chancen und Grenzen. Beispiele und Perspektiven. Paderborn u.a.: Schöningh, S. 13-28.

Köster, Juliane (2008): Lesekompetenz im Lichte von Bildungsstandards
und Kompetenzmodellen. In: Bremerich-Vos, Albert/Granzer,
Dietlinde u.a. (Hrsg.): Lernstandsbestimmung im Fach Deutsch.
Gute Aufgaben für den Unterricht. Weinheim u.a.: Beltz, S. 162-
185.

Krautz, Jochen (2007): Ware Bildung. Schule und Universität unter dem
Diktat der Ökonomie. Kreuzlingen u.a.: Diederichs.

Lange, Bernward (2006): Bildungsstandards und Praxis der Lehrerbildung. In: Institut für Weiterbildung Pädagogische Hochschule
Heidelberg (Hrsg.): Perspektiven zur pädagogischen Professionalisierung 71, S. 15-20.

Lankes, Eva-Maria (2006a):Bildungsstandards in Deutschland. In: Institut
für Qualitätsentwicklung an Schulen Schleswig-Holstein (Hrsg.):
Kompetenzorientierter Deutschunterricht. Kronshagen.

Lankes, Eva-Maria (2006b): Mit Bildungsstandards arbeiten – kompetenzorientiert unterrichten. In: Grundschule 38, Nr. 5, S. 21-23.

Largo, Remo H. (2006): Kinderjahre. Die Individualität des Kindes als
erzieherische Herausforderung. 12. Aufl. München u.a.: Piper.

Lersch, Rainer (2008): Kompetenzfördernd unterrichten. In: Pädagogik
60, Nr. 12, S. 36-43.

Lux, Claudia (2007): Information Literacy in der Zusammenarbeit von Bibliothek und Schule. In: Bertschi-Kaufmann, Andrea (Hrsg.): Lesekompetenz, Leseleistung, Leseförderung. Grundlagen, Modelle und Materialien. Seelze: Kallmeyer in Verbindung mit Klett, S. 198-214.

Mager, Robert F. (1971): Lernziele und programmierter Unterricht. Weinheim u.a.: Beltz.

Mann, Christine (1993): Selbstbestimmtes Rechtschreiblernen: Rechtschreibunterricht als Strategievermittlung. 2. Aufl. Weinheim u.a.: Beltz.

Melzer, Wolfgang/Wesemann, Matthias (2006): Schulreform - Schulentwicklung. In: Arnold, Karl-H./Sandfuchs, Uwe u.a. (Hrsg.): Handbuch Unterricht. Bad Heilbrunn: Klinkhardt, S. 86-91.

Merkens, Hans (2006): Bildungsforschung und Erziehungswissenschaft. In: Merkens, Hans (Hrsg.): Erziehungswissenschaft und Bildungsforschung. Wiesbaden: VS Verlag für Sozialwissenschaften, S. 9-20.

Mertens, Dieter (1974): Das Konzept der Schlüsselqualifikationen als Flexibilitätsinstrument. Köln

Meyer, Hilbert (1999): Unterrichtsmethoden. 2. Praxisband. 6. Aufl. Berlin: Cornelsen Scriptor.

Meyer, Hilbert (2004): Was ist guter Unterricht? Berlin: Cornelsen Scriptor.

Meyer, Uwe (2008): Rezeption und Nutzung von Vergleichsarbeiten aus der Perspektive von Lehrkräften. In: Zeitschrift für Pädagogik 54, Nr.1, S. 95-117.

Möller, Christine (1999): Die curriculare Didaktik. In: Gudjons, Herbert/Winkel, Rainer (Hrsg.): Didaktische Theorien. 10. Aufl. Hamburg: Bergmann und Helbig, S. 75-92.

Müller, Andreas (2005): Von der Logik des Gelingens. Mit Rubrics und Kompetenzrastern selbstwirksam lernen. In: Grundschule, Nr. 3, S. 12-15.

Niedersächsisches Kultusministerium (2006): Kerncurriculum für die Grundschule. Schuljahrgänge 1-4 Deutsch. URL:

http://db2.nibis.de/1db/cuvo/datei/kc_gs_deutsch:nib.pdf. (abgerufen am 30.06.08).

Orth, Gerhard (2007): Lernstandserhebungen und zentrale Prüfungen. Zwei Königskinder, die zueinander kommen können? In: Pädagogik 59, Nr. 3, S. 16-20.

Plöger, Wilfried (2004): Bildungsstandards in bildungstheoretischer Sicht. In: Schlömerkemper, Jörg (Hrsg.) (2004): Bildung und Standards. Zur Kritik der „Instandsetzung" des deutschen Bildungswesens. Die Deutsche Schule, 8. Beiheft. Weinheim u.a.: Juventa, S. 11-25.

Rekus, Jürgen (2004): Nationale Bildungsstandards - Grundlage von Schulqualität? In: Rekus, Jürgen (Hrsg.): Bildungsstandards, Kerncurricula und die Aufgabe der Schule. Münster: Aschendorff [Münstersche Gespräche zur Pädagogik. 21] S. 77-90.

Riecke-Baulecke, Thomas (2008): Interne und externe Evaluation. In: Grenzer, Dietlinde/Wendt, Peter u.a. (Hrsg.): Selbstevaluation in Schulen. Theorie, Praxis und Instrumente. Weinheim u.a.: Beltz, S. 37-48.

Rindermann, Heiner (2008): International vergleichende Schulleistungs- und Intelligenzstudien: Worauf sind die Unterschiede zwischen Staaten zurückführbar? Versuch einer Erklärung unter ausschließlicher Berücksichtigung von Bildungsmerkmalen. In: Empirische Pädagogik 22, Nr. 1, S. 17-48.

Röber-Siekmeyer, Christa (2000): Die Ignorierung der Linguistik in der Theorie und Praxis des Schrifterwerbs. In: Zeitschrift für Pädagogik 46, Nr. 5, S. 753-771.

Robinsohn, Saul/Thomas, Helga (1968): Differenzierung im Sekundarschulwesen. Stuttgart: Klett.

Röbken, Heinke (2008): Überblick: Entwicklungstrends und Befunde. Über den Sinn wettbewerbsorientierter Maßnahmen. In: Schulmanagement 39, Nr.2, S. 8-10.

Rode-Clare, Karin (2008): „Und dazu habe ich euch ein Arbeitsblatt mitgebracht..." Ein Gespräch mit einer Fachleiterin und Aufgaben-Entwicklerin über gute Aufgaben. In: Pädagogik 60, Nr. 3, S. 26-29.

Röhner, Charlotte (1999): Schreiben: Wege zum Ich - Wege zur Welt, Themenheft der Grundschulzeitschrift, Nr. 126, S. 6-11.

Runge, Kai (2007): Der schriftliche Unterrichtsentwurf. Lüneburg: Studienseminar für das Lehramt an Grund-, Haupt- und Realschulen.

Schedler, Kuno/Proeller, Isabella (2006): New Public Management. 3. vollst. überarb. Aufl. Stuttgart: Haupt.

Schlömerkemper, Jörg (2006): Qualitätsentwicklung durch Kompetenz- und Prozessorientierung - eine Alternative zu selektionsorientierter Lernorganisation. In: Eder, Ferdinand (Hrsg.): Qualität durch Standards? Münster u.a.: Waxmann, S. 103-111.

Schmidtke, Inge (2006): Kompetenztests für den Deutschunterricht. Lesen – Rechtschreiben – Sprache reflektieren. Horneburg: Persen.

Schulz, Gudrun (2000): Geschichten lesen, erzählen, schreiben, gestalten. Kinderliteratur als Anreger für einen produktiven Unterricht. Berlin: Cornelsen Scriptor.

Schulz, Gudrun (2005): Märchen in der Grundschule. Berlin: Cornelsen Scriptor.

Seibert, Norbert (2000): Vorwort. In: Seibert, Norbert (Hrsg.): Unterrichtsmethoden kontrovers. Bad Heilbrunn: Klinkhardt, S. 11-21.

Sekretariat der Ständigen Konferenz der Kultusminister der Länder in der Bundesrepublik Deutschland (2004): Standards für die Lehrerbildung: Bildungswissenschaften. URL: http://www.kmk.org/doc/beschl/standards_lehrerbildung.pdf

Sekretariat der Ständigen Konferenz der Kultusminister der Länder in der Bundesrepublik Deutschland (2005): Bildungsstandards im Fach Deutsch für den Primarbereich. Beschluss vom 15.10.2004. München: Wolters-Kluwer.

Sill, Hans-D. (2006): PISA und die Bildungsstandards. In: Jahnke, Thomas/Meyerhöfer, Wolfram (Hrsg.): PISA & Co. Kritik eines Programms. Hildesheim u.a.: Franzbecker, S. 293-331.

Speck-Hamdan, Angelika (2007): Entwicklung von Unterrichtsqualität durch Standards? In: Möller, Kornelia/Beinbrech, Christina u.a. (Hrsg.): Qualität von Grundschulunterricht entwickeln, erfassen und bewerten. Wiesbaden: VS-Verlag für Sozialwissenschaften [Jahrbuch Grundschulforschung. 11], S. 91-94.

Spinner, Kaspar H. (2005): Der standardisierte Schüler. Wider den Wunsch, Heterogenität überwinden zu wollen. In: Becker, Gerold u.a. (Hrsg.): Standards. Unterrichten zwischen Kompetenzen, zentralen Prüfungen und Vergleichsarbeiten. Seelze: Friedrich Jahresheft XXIII, S. 88-91.

Spinner, Kaspar H. (2002): Kreativer Deutschunterricht. Identität – Imagination – Kognition. 2. Aufl. Seelze: Kallmeyer.

Spinner, Kaspar H. (Hrsg.) (2006): Lesekompetenz erwerben, Literatur erfahren. Berlin: Cornelsen Scriptor.

Tesch, Bernd/Leupold, Eynar (Hrsg.) (2008): Bildungsstandards Französisch: konkret. Berlin: Cornelsen Scriptor.

Tillmann, Klaus-Jürgen/Wischer, Beate (2006): Heterogenität in der Schule. Forschungsstand und Konsequenzen. In: Pädagogik 58, Nr. 3, S. 44-48.

Tophinke, Doris (2006): Rechtschreiben. In: Lange, Günter/Weinhold, Swantje (Hrsg.): Grundlagen der Deutschdidaktik. Sprachdidaktik – Mediendidaktik – Literaturdidaktik. Hohengehren: Schneider, S. 101-127.

Uhle, Reinhard (2007): Bildungsstandards. In: Henschel, Angelika/Krüger, Rolf (Hrsg.): Jugendhilfe und Schule. Handbuch für eine gelingende Kooperation. Wiesbaden: VS-Verlag für Sozialwissenschaften, S. 39-54.

von der Groeben, Annemarie (2008): Verschiedenheit nutzen. Besser lernen in heterogenen Gruppen. Berlin: Cornelsen Scriptor.

von Hentig, Hartmut (2006): Einführung in den Bildungsplan 2004. URL.: http://www.bildung-straerkt-menschen.de/service/downloads/-Sonstiges/Einführung_BP.pdf (abgerufen am 01.05.08).

von Saldern, Matthias/Paulsen, Arne (2004): Sind Bildungsstandards die richtige Antwort auf PISA? In: Schlömerkemper, Jörg (Hrsg.) (2004): Bildung und Standards. Zur Kritik der „Instandsetzung" des deutschen Bildungswesens. Die Deutsche Schule, 8. Beiheft. Weinheim u.a.: Juventa, S. 66-100.

Vortmann, Hermann/Werlen, Erika (2006): Die neuen Bildungsstandards für die Primarstufe. Merching: Forum.

Wahl, Diethelm (2005): Lernumgebungen erfolgreich gestalten. Vom trägen Wissen zum kompetenten Handeln. Bad Heilbrunn: Klinkhardt.

Weinert, Franz-E./Helmke, Andreas (1997): Entwicklung im Grundschulalter. Weinheim: Beltz: Psychologie Verlags Union.

Weinert, Franz-E. (1998): Neue Unterrichtskonzepte zwischen gesellschaftlichen Notwendigkeiten, pädagogischen Visionen und psychologischen Möglichkeiten. In: Bayrisches Staatsministerium für Unterricht, Kultus, Wissenschaft und Kunst (Hrsg.): Wissen und Werte für die Welt von morgen. Donauwörth: Auer, S. 101-125.

Weinert, Franz-E. (2001): Vergleichende Leistungsmessung in Schulen – eine umstrittene Selbstverständlichkeit, In: Weinert, Franz-E. (Hrsg.): Leistungsmessungen in Schulen. Weinheim u.a.: Beltz, S. 17-31.

Wygotski, Lev (1986): Denken und Sprechen. Frankfurt/Main: Fischer.

Zedler, Peter (2007): Vernachlässigte Dimensionen der Qualitätsentwicklung und Qualitätssicherung von Unterricht und Schule, Erziehung und Bildung. In: Benner, Dietrich (Hrsg.): Bildungsstandards. Instrumente zur Qualitätssicherung im Bildungswesen. Chancen und Grenzen – Beispiele und Perspektiven. Paderborn u.a.: Schöningh, S. 61-72.

Ziener, Gerhard (2006): Bildungsstandards in der Praxis. Kompetenzorientiert unterrichten. Seelze: Kallmeyer in Verbindung mit Klett.

Grundlagen Erziehungswissenschaft